本書係「敦煌文獻系統性保護整理出版工程」項目成果

二〇二一—二〇三五年國家古籍工作規劃重點出版項目

「十四五」國家重點出版物出版規劃項目

國家古籍整理出版專項經費資助項目

# 中國國家圖書館藏敦煌文獻

中國國家圖書館 編

第八册

BD00099～BD00110

國家圖書館出版社

# DUNHUANG MANUSCRIPTS IN THE NATIONAL LIBRARY OF CHINA

008

BD00099 ~ BD00110

*compiled by the*

National Library of China

National Library of China Publishing House

**顧問** 方廣錩 郝春文 榮新江 李際寧

**編纂出版** 張志清 魏崇 陳紅彦 殷夢霞 薩仁高娃
謝冬榮 劉波 林世田 廖生訓

**編纂** 林世田 薩仁高娃 常蓋心 于瑞 劉毅超
劉波 劉炳梅 周升川 劉婷 程佳羽
沈艷麗 高雅

**編輯** 潘竹 程魯潔 黄鑫 苗文葉

**審稿** 孫彦 耿素麗 宋志英 鄧咏秋

# 凡例

一　本書刊布中國國家圖書館藏敦煌文獻，以館藏編號爲序編排。

二　館藏編號采用「BD+流水號」格式，如BD00001, BD16579等。背面在編號後加v表示。一個編號包含多件文獻者，編號後分別綴以字母A, B, C等。一件文獻含有多個内容者，以數字-1, -2, -3等標明順序。

三　圖版有縮印或放大處另加説明，尺寸超出本書幅面的以摺葉形式呈現。

四　卷軸裝、梵夾裝、經摺裝等裝幀形制的敦煌文獻，各附外觀圖像。

五　每件文獻依次呈現外觀、正面、背面等。背面僅刊布有文字、圖像或其他要素的圖版，而略去素紙部分，背面圖版同樣以從右到左順序編排。凡有外題者，遵從以上原則。

六　除個別特殊情況外，爲保證閲讀連貫、流暢，圖版儘量通欄呈現。

七　各葉上方附該件文獻全圖，以高亮形式顯示本葉大圖在全卷中的位置。部分長卷文獻全圖衹能分多段呈現時，在上段末以符標示下段接續。卷尾内容不足一葉時，文獻全圖使用該圖卷尾部分，亦以符標示。背面圖版文字與正面文字方向相反時，文獻全圖按原貌顯示，正文翻轉呈現，以便閲讀研究，用符標示。

八　文獻題名大體沿用中國國家圖書館此前所編多部敦煌文獻目録的考證，部分吸收學界最新研究成果略作調整和完善。文獻題名綜合參考原卷首題、尾題、外題確定，如原卷題名與該文獻正式名稱不同，則采用正式名稱；無題名者，或比定題名，或擬定新名。非漢文文獻在題名前標注語種。有分卷不同等其他情況者，括注於文獻名稱後。

九　本書著録使用通行繁體字，涉及原文中的人名、地名等，必要時保留原字形。

# About this publication

1. The documents are presented in shelfmark order.
2. The shelfmarks are in the form BD plus a running number, eg. BD00001, BD16579, &c. If a given shelfmark contains multiple documents, these are distinguished by the letters A, B, C, &c. If a document has multiple contents, they are distinguished by the numbering 1, 2, 3, &c. The verso side of an item is indicated by the letter v.
3. If it has been necessary to reduce or enlarge the size of an illustration, the dimensions are indicated. If the size of an illustration exceeds the size of the book, a folding sheet is used.
4. If the document is a scroll, a folded sutra, or has a stitched binding, a picture of the whole object is provided to show its external appearance.
5. The cover, front, and back of each document are reproduced in sequence. The back of a document is only reproduced if it contains text, illustrations, or other markings, and it is oriented from right to left. If it is blank it is not reproduced.
6. Except in a few special cases, the lines of text are reproduced unbroken to make them coherent and easier to read.
7. An illustration of the complete document is reproduced at the top of each page, and the section where the main illustration appears is highlighted in order to indicate its position. If it has only been possible to reproduce a long scroll in sections, the direction symbol has been used to indicate where one illustration ends and the next one begins. If the end of the scroll occupies less than one page, the direction symbol is used to indicate its position in the illustration of the complete document. If the text on the back of the document has a different orientation from the text on the front, it is reproduced as it is, but is also rotated (indicated with the rotation symbol ) so that it can be read easily.
8. The titles of the documents generally conform with those already established by the Library, but in some cases have been amended by drawing on the most recent scholarly research. The titles are derived firstly from the beginning of the text, then from the end of the text, and lastly from the cover. If the title of a document differs from its authoritative form, the authoritative form is used; and if a document has no title, one is either supplied by comparison with similar documents, or a new one is devised. If the document is not in Chinese, its language is indicated before the title. If the number of juan is different from that of the authoritative version, or if there are other irregularities, this is noted.
9. The documents in the book are in traditional Chinese characters. Where the title contains personal or place names, the original characters used for these names are retained.

(Translated by David Helliwell)

# 第八册目録

BD00099-1　無量壽宗要經（甲本）

BD00099-2　無量壽宗要經（甲本）

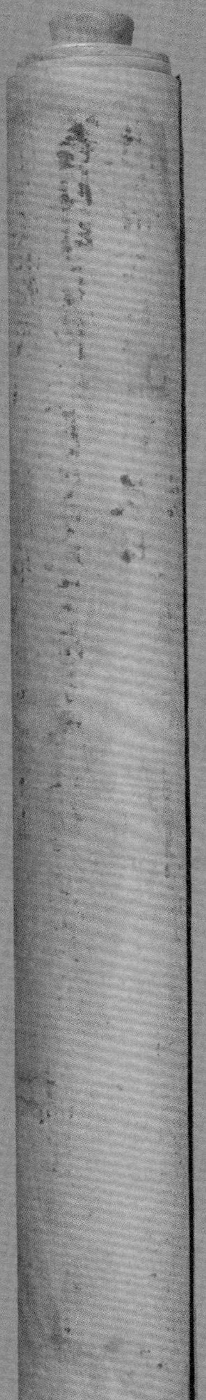

362cm × 31.5cm

薩婆婆毗輸底 十三 摩訶那耶 十四 波利婆利莎訶 十五
善男子若有自書寫教人書寫是无量壽宗要經如其命盡復得長壽而滿百年陁羅尼日
南无薄伽勃底 一 阿波利蜜多 二 阿喻紇硯那 三 須彌你悉指陁 四 囉佐耶 五 怛他羯他耶 六
怛姪他唵 七 薩婆桑悉伽囉 八 波利輸底 九 達摩底 十 伽伽那 十一 莎訶其持迦底 十二
薩婆婆毗輸底 十三 摩訶那耶 十四 波利婆利莎訶 十五
若有自書寫教人書寫是无量壽宗要經讀誦受持畢竟不墮地獄在在所生
得宿命智陁羅尼日
南无薄伽勃底 一 阿波利蜜多 二 阿喻紇硯那 三 須彌你悉指陁 四 囉佐耶 五 怛他羯他耶 六
怛姪他唵 七 薩婆桑悉迦囉 八 波利輸底 十 伽伽那 十一 莎訶其持迦底 十二 薩婆婆毗輸
底 十三 摩訶那耶 十四 波利婆利莎訶 十五
若有自書寫教人書寫是无量壽宗要經受持讀誦如同書寫八万四千一切經典陁羅尼日
南无薄伽勃底 一 阿波利蜜多 二 阿喻紇硯那 三 須彌你悉指陁 四 囉佐耶 五 怛他羯他耶 六
怛姪他唵 七 薩婆桑悉伽羅 八 波利輸底 九 達摩底 十 伽伽那 十一 莎訶其持迦底 十二
薩婆婆毗輸底 十三 摩訶那耶 十四 波利婆利莎訶
若有自書寫教人書寫是无量壽宗要經即是書寫八万四千部建立塔廟陁羅尼日
南无薄伽勃底 一 阿波利蜜多 二 阿喻紇硯那 三 須彌你悉指陁 四 囉佐耶 五 怛他羯他耶 六

南无薄伽勃底一 阿波唎蜜多二 阿喻紇硯那三 須弥你悉指陀四 囉佐耶五 怛他羯他耶六
怛姪他唵七 薩婆桑悉伽伽羅八 波利輸底九 達摩底十 伽伽那十一 莎訶其持迦底十二
薩婆婆毗輸底十三 摩訶那耶十四 波利婆利莎訶十五
若有自書寫教人書寫是无量壽宗要經能消五无間等一切重罪陁羅尼日
南无薄伽勃底一 阿波唎蜜多二 阿喻紇硯那三 須毗你悉指陀四 囉佐耶五 怛他羯他耶六
怛姪他唵七 薩婆桑悉伽羅八 波利輸底九 達摩底十 伽伽那十一 莎訶其持迦底十二
薩婆婆毗輸底十三 摩訶那耶十四 波利婆利莎訶十五
若有自書寫教人書寫是无量壽宗要經受持讀誦設有重罪猶如須弥盡能除滅陁羅
尼日 南无薄伽勃底一 阿波利蜜多二 阿喻紇硯娜三 須毗你悉指陀四 囉佐耶五 怛他羯他耶六
怛姪他唵七 薩婆桑悉伽羅八 波利輸底九 達摩底十 伽伽那十一 莎訶其持迦底十二 薩婆
婆毗輸底十三 摩訶那耶十四 波利婆利莎訶十五
若有自書寫教人書寫是无量壽宗要經受持讀誦若魔魔之眷屬夜叉羅刹不
其便終无枉死陁羅尼日 南无薄伽勃底一 阿波利蜜多二 阿喻紇硯那三 須弥你悉指他四
囉佐耶五 怛姪他唵羯他耶六 怛姪他唵七 薩婆桑悉伽囉八 波利輸底九 達摩底十 伽伽那十一
莎訶其持伽底十二 薩婆婆毗輸底十三 摩摩那耶十四 波利婆利莎訶十五
若有自書寫教人書寫是无量壽宗要經受持讀誦當命終時有九十九億佛現其前一千佛來

莎訶其持伽底 十二 薩婆娑婆毗輸底 十三 摩摩娜耶 十四 波唎婆唎莎訶 十五
若有自書寫教人書寫是无量壽宗要經受持讀誦當命終時有九十九俱胝佛現其人前來
千佛授手般遊一切佛刹莫於此經生於疑惑陁羅尼曰
南无薄伽勃底 一 阿波唎蜜多 二 阿喻紇硯娜 三 須毗你悉指陁 四 囉佐耶 五 怛他羯他耶 六
怛姪他唵 七 薩婆桑悉伽羅 八 利輸底 九 達摩底 十 伽伽那 十一 莎訶其持伽底 十二
薩婆娑婆毗輸底 十三 摩訶娜耶 十四 波唎婆唎莎訶 十五
若有自書寫教人書寫是无量壽宗要經受持讀誦當得四天王隨其衛護陁羅尼曰
南无薄伽勃底 一 阿波唎蜜多 二 阿喻紇硯娜 三 須毗你悉指陁 四 囉佐耶 五 怛他羯他耶 六
怛姪他唵 七 薩婆桑悉伽羅 八 波唎輸底 九 達摩底 十 伽伽那 十一 莎訶其持伽底 十二 薩婆
娑婆毗輸底 十三 摩訶娜耶 十四 波唎婆唎莎訶 十五
若有自書寫教人書寫是无量壽宗要經受持讀誦當得往生西方極樂世界阿彌陁淨土陁羅尼曰
南无薄伽勃底 一 阿波唎蜜多 二 阿喻紇硯娜 三 須毗你悉指陁 四 囉佐耶 五 怛他羯他耶 六
怛姪他唵 七 薩婆桑悉伽羅 八 波唎輸底 九 達摩底 十 伽伽那 十一 莎訶其持伽底 十二
薩婆娑婆毗輸底 十三 摩訶娜耶 十四 波唎婆唎莎訶 十五
若有方所自書寫使人書寫是无量壽經典之處則為是塔皆應恭敬作禮若是畜生
或鳥獸得聞是經如是之等類皆當不久得成一切種智陁羅尼曰

或為集聚得聞是經如是等類皆當不久得成一切種智陀羅尼曰
南无薄伽勃底一阿波利蜜多二阿喻紇硯那三須弥你悉指陀四囉佐耶五怛他羯他耶六
怛姪他唵七薩婆桑悉伽羅八波利輸底九達摩底十伽伽那十一莎訶某持迦底十二
薩婆婆毗輸底十三摩訶那耶十四波利婆利莎訶十五
若有於是无量壽經自書寫若使人書寫畢竟不受女人之身陀羅尼曰
南无薄伽勃底一阿波利蜜多二阿喻紇硯那三須毗你悉指陀四囉佐耶五怛他羯
他耶六怛姪他唵七薩婆桑悉伽羅八波利輸底九達摩底十伽伽那十一莎訶
某持迦底十二薩婆婆毗輸底十三摩訶那耶十四波利婆利莎訶十五
若有能於是經少分財惠施者等於三千大千世界滿中七寶布施陀羅尼曰
南无薄伽勃底一阿波利蜜多二阿喻紇硯那三須弥你悉指他四囉佐耶五怛他羯他耶六
怛姪他唵七薩婆桑悉伽羅八波利輸底九達摩底十伽伽那十一莎訶某持迦底十二
薩婆婆毗輸底十三摩訶那耶十四波利婆利莎訶十五
若有能供養是經者則是供養一切諸經等无有異陀羅尼曰
南无薄伽勃底一阿波利蜜多二阿喻紇硯那三須弥你悉指陀四囉佐耶五怛他羯他耶六
怛姪他唵七薩婆桑悉迦羅八波利輸底九達摩底十伽伽那十一莎訶某持迦底十二
薩婆婆毗輸底十三摩訶那耶十四波利婆利莎訶十五

薩婆婆毗輸底 十三 摩訶那耶 十四 波利婆利莎訶 十五
寶是毗婆尸佛 尸棄佛 毗舍浮佛 俱留孫佛 俱那含牟尼佛 迦葉佛 釋迦牟尼佛
若有人以七寶供養如是七佛其福有限書寫受持是無量壽經典所有功德不可限量
陀羅尼曰 南謨薄伽勃底 一 阿波利蜜多 二 阿喻紇硯那 三 須毗你悉指 四 囉佐耶 五 怛他羯
他耶 六 怛姪他唵 七 薩婆桑悉迦囉 八 波利輸底 九 達摩底 十 伽伽那 十一 薩訶某持迦底 十二
薩婆婆毗輸底 十三 摩訶那耶 十四 波利婆利莎訶 十五
若有七寶等於須彌以用布施其福上能知其限量是無量壽經典其福不可知數陀羅尼曰
南謨薄伽勃底 一 阿波利蜜多 二 阿喻紇硯那 三 須你你悉指 四 囉佐耶 五 怛他羯他耶 六
怛姪他唵 七 薩婆桑悉迦囉 八 波利輸底 九 達摩底 十 伽伽那 十一 莎訶某持迦底 十二
薩婆婆毗輸底 十三 摩訶那耶 十四 波利婆利莎訶 十五
如是四大海水可知滴數是無量壽經典所生果報不可數量陀羅尼曰
南謨薄伽勃底 一 阿波利蜜多 二 阿喻紇硯那 三 須毗你悉指 四 囉佐耶 五 怛他羯他耶 六
怛姪他唵 七 薩婆桑悉迦囉 八 波利輸底 九 達摩底 十 伽伽那 十一 莎訶某持迦底 十二
薩婆婆毗輸底 十三 摩訶那耶 十四 波利婆利莎訶 十五
若有自書使人書寫是無量壽經典又能護持供養即如恭敬供養一切十方佛土如來無
有別異陀羅尼曰

若有自書使人書寫是无量壽經典受能護持供養即如恭敬供養一切十方佛土如來无
无有別異陀羅尼曰
南无薄伽勃底一 阿波唎蜜多二 阿喻紇硯那三 須毗你悉指陀四 囉佐耶五 怛姪他羯他耶六
怛姪他唵七 薩婆桑悉迦囉八 波唎輸底九 達摩底十 伽伽那十一 莎訶某持迦底十二
薩婆婆毗輸底十三 摩訶那耶十四 波唎婆唎莎訶十五
布施力能成正覺　悟布施力人師子　布施力能聲普聞　慈悲階漸寂能入
持戒力能成正覺　悟持戒力人師子　持戒力能聲普聞　慈悲階漸寂能入
忍辱力能成正覺　悟忍辱力人師子　忍辱力能聲普聞　慈悲階漸寂能入
精進力能成正覺　悟精進力人師子　精進力能聲普聞　慈悲階漸寂能入
禪定力能成正覺　悟禪定力人師子　禪定力能聲普聞　慈悲階漸寂能入
智慧力能成正覺　悟智慧力人師子　智慧力能聲普聞　慈悲階漸寂能入
尒時如來說是經已一切世間天人阿修羅健闥婆等聞佛所說皆大歡喜
信受奉行

佛說大乘无量壽宗要陀羅尼經一卷

佛說大乘无量壽宗要陁羅尼經一卷

大乘无量壽經

如是我聞一時佛薄伽梵在舍衛國祇樹給孤獨園與大苾蒭僧千二百五十人大菩
薩摩訶薩衆俱同會坐尒時世尊告曼殊室利童子曼殊上方有世界名无
量功德聚彼土有佛名无量智決定王如來阿耨多羅三藐三菩提現為衆
生開示說法曼殊諦聽南閻浮提人皆短壽大限百年於中殀枉橫死者衆
曼殊如是无量壽如來功德名稱法要若有衆生得聞名号若自書或使人
書能為經卷受持讀誦若於舍宅所住之處以種種花鬘瓔珞塗香末
香而為供養如其命盡復得延年滿足百歲如是曼殊若有衆生得是无量
壽智決定王如來一百八名号者益其長壽若有衆生大命將盡憶念是如來
名号更得增壽如是曼殊若有善男子善女人欲求長壽於是无量壽如來
[illegible]

名号更得增壽如是男子善女人欲求長壽於是无量壽如來
一百八名号有得聞者或自書若使人書受持讀誦得如是等果報福得具足陀
羅尼曰
南无薄伽勒底一阿波利蜜哆二阿喻紇硯那三須毗你悉指陀四羅佐耶五怛他羯
他耶六怛姪他唵七薩婆桑悉伽羅八波利輸底九達摩底十伽伽那十一莎訶其持
迦底十二薩婆婆毗輸底十三摩訶那耶十四波利波利莎訶十五
世尊復告曼殊室利如是如來一百八名号若有自書或使人書爲經卷受持
讀誦如壽命盡復滿百年壽終此身後得往生无量福智世界無量壽淨土
陁羅尼曰
南无薄伽勒底一阿波利蜜多二阿喻紇硯那三須毗你悉指他四囉佐耶五怛他羯他耶六
怛姪他唵七薩婆桑悉伽囉八波利輸底九達摩底十伽伽那十一莎訶其持迦底十二
薩婆婆毗輸底十三摩訶那耶十四波利婆利莎訶十五
尒時有九十九姟佛一時同聲說是无量壽宗要經陁羅尼曰
南无薄伽勒底一阿波利蜜多二阿喻紇硯那三須毗你悉指哆四囉佐耶五怛他羯他耶六
怛姪他唵七薩婆桑悉伽羅八波利輸底九達摩底十伽伽那十一莎訶其持迦底十二
薩婆婆毗輸底十三摩訶那耶十四波利婆利莎訶十五

薩婆婆毗輸底 十三 摩訶娜耶 十四 波利婆利莎訶 十五

尒時復有一百四姟佛一時同聲說是无量壽宗要經陁羅尼日

南謨薄伽勃底 一 阿波利蜜多 二 阿喻紇硯娜 三 須弥你悉指多 四 囉佐耶 五 怛他羯他耶 六

怛姪他唵 七 薩婆桑悉伽羅 八 波利輸底 九 達摩底 十 伽伽那 十一 莎訶某持迦底 十二

薩婆婆毗輸底 十三 摩訶娜耶 十四 波利婆利莎訶 十五

尒時復有七姟佛一時同聲說是无量壽宗要經陁羅尼日

南謨薄伽勃底 一 阿波利蜜多 二 阿喻紇硯娜 三 須弥你悉指他 四 囉佐耶 五 怛他羯他耶 六

怛姪他唵 七 薩婆桑悉伽羅 八 波利輸底 九 達摩底 十 莎訶某持迦底 十二 薩婆婆毗輸底 十三

摩訶娜耶 波利婆利莎訶 十三

尒時復有六十五姟佛一時同聲說是无量壽宗要經陁羅尼日

南謨薄伽勃底 一 阿波利蜜多 二 阿喻紇硯娜 三 須毗你悉指陁 四 囉佐耶 五 怛他羯他耶 六

怛姪他唵 七 薩婆桑悉伽羅 八 波利輸底 九 達摩底 十 伽伽那 十一 莎訶某持迦底 十二

薩婆婆毗輸底 十三 摩訶娜耶 十四 波利婆利莎訶 十五

尒時復有五十五姟佛一時同聲說是无量壽宗要經陁羅尼日

南謨薄伽勃底 一 阿波利蜜多 二 阿喻紇硯娜 三 須弥你悉指他 四 囉佐耶 五 怛他羯他耶 六

怛姪他唵 七 薩婆桑悉伽羅 八 波利輸底 九 達摩底 十 伽伽那 十一 莎訶某持迦底 十二

怛姪他唵七 薩婆桒悉迦羅八 波利輸底九 達摩底十 伽伽那十一 莎訶某持迦底十二
薩婆婆毗輸底十三 摩訶那耶十四 波利波利莎訶十五
尒時復有四十五姟佛一時同聲説是无量壽宗要經陁羅尼曰
南无薄伽勃底一 阿波利蜜多二 阿喻紇硯那三 須毗你悉指陀四 羅佐耶五 怛他羯他耶六
怛姪他唵七 薩婆桒悉迦羅八 波利輸底九 達摩底十 伽伽那十一 莎訶某持迦底十二 薩
婆婆毗輸底十三 摩訶那耶十四 波利婆利莎訶十五
尒時復有三十六姟佛一時同聲説是无量壽宗要經陁羅尼曰
南无薄伽勃底一 阿波利蜜多二 阿喻紇硯那三 須毗你悉指陀四 羅佐耶五 怛他羯他耶六
怛姪他唵七 薩婆桒悉迦羅八 波利輸底九 達摩底十 伽伽那十一 莎訶某持迦底十二
薩婆婆毗輸底十三 摩訶那耶十四 波利波利莎訶十五
尒時復有二十五姟佛一時同聲説是无量壽宗要經陁羅尼曰
南无薄伽勃底一 阿波利蜜多二 阿喻紇硯那三 須毗你悉指陀四 羅佐耶五 怛他羯他耶六
怛姪他唵七 薩婆桒悉迦羅八 波利輸底九 達摩底十 伽伽那十一
莎訶某持迦底十二 薩婆婆毗輸底十三 摩訶那耶十四 波利婆利莎訶十五
尒時復有恒河沙姟佛一時同聲説是无量壽宗要經陁羅尼曰
南无薄伽勃底一 阿波利蜜多二 阿喻紇硯那三 須毗你悉指陀四 羅佐耶五 怛他羯

南无薄伽勃底一 阿波利蜜多二 阿喻紇硯那三 須弥迳指哆四 羅佐耶五 怛他羯
他耶六 怛姪他唵七 薩婆桑悉伽羅八 波利輸底九 達摩底十 伽伽那十一
莎訶其持迦底十二 薩婆婆毗輸底十三 摩訶那耶十四 波利婆利莎訶十五
善男子若有自書寫教人書寫是无量壽宗要經如其命盡復得長壽
而滿百年陁羅尼曰
南无薄伽勃底一 阿波利蜜多二 阿喻紇硯那三 須弥迳指陁四 羅佐耶五 怛他羯他耶六
怛姪他唵七 薩婆桑悉伽羅八 波利輸底十 伽伽那十一 莎訶其持迦底十二
薩婆婆毗輸底十三 摩訶那耶十四 波利婆利莎訶十五
若有自書寫教人書寫是无量壽宗要經讀誦受持畢竟不墮地獄在在
所生得宿命智陁羅尼曰
南无薄伽勃底一 阿波利蜜多二 阿喻紇硯那三 須弥迳指陁四 羅佐耶五 怛他羯他耶六
怛姪他唵七 薩婆桑悉伽羅八 波利輸底九 達摩底十 伽伽那十一 莎訶其持
伽底十二 莎婆婆毗輸底十三 摩訶那耶十四 波利婆利莎訶十五
若有自書寫教人書寫是无量壽宗要經受持讀誦如同書寫八万四千一切經典陁羅尼曰
南无薄伽勃底一 阿波利蜜多二 阿喻紇硯那三 須弥迳指陁四 羅佐耶五 怛他羯他耶六
怛姪他唵七 薩婆桑悉伽羅八 波利輸底九 達摩底十 伽伽那十一 莎訶其持迦底十二

南无薄伽勃底一阿波利蜜多二阿喻紇硯那三須弥你悉指陀四羅佐耶五怛他羯他耶六
怛姪他唵七薩婆桑悉迦羅八波利輸底九達摩底十伽伽那十一莎訶某持迦底十二
摩訶那耶十四波利婆利莎訶十五
若有自書寫教人書寫是无量壽宗要經即是書寫八万四千部建立塔廟陀羅尼曰
南无薄伽勃底一阿波利蜜多二阿喻紇硯那三須弥你悉指陀四羅佐耶五怛他羯他耶六
怛姪他唵七薩婆桑悉迦羅八波利輸底九達摩底十伽伽那十一莎訶某持迦底十二
薩婆婆毗輸底十三摩訶那耶十四波利婆利莎訶十五
若有自書寫教人書寫是无量壽宗要經能消五无間等一切重罪陀羅尼曰
南无薄伽勃底一阿波利蜜多二阿喻紇硯那三須毗你悉指陀四羅佐耶五怛他羯他耶六
怛姪他唵七薩婆桑悉迦羅八波利輸底九達摩底十伽伽那十一莎訶某持迦底十二
薩婆婆毗輸底十三摩訶那耶十四波利婆利莎訶十五
若有自書寫教人書寫是无量壽宗要經受持讀誦設有重罪積如須弥盡能除滅陀
羅尼曰南无薄伽勃底一阿波利蜜多二阿喻紇硯那三須弥你悉指陀四羅佐耶五怛他羯他耶六
怛姪他唵七薩婆桑悉迦羅八波利輸底九達摩底十伽伽那十一莎訶某持迦底十二
薩婆婆毗輸底十三摩訶那耶十四波利婆利莎訶十五
若有自書寫教人書寫是无量壽宗要經受持讀誦若魔魔之眷屬夜叉羅剎不

娑婆婆毗秫底十三摩訶那耶十四波唎婆唎莎訶十五
若有自書寫教人書寫是無量壽宗要經受持讀誦若魔魔之眷屬夜叉羅剎不
得其便終无枉死陀羅尼曰　南謨薄伽勃底一阿波唎蜜哆二阿喻紇硯那三須毗你悉指陀四
囉佐耶五怛他羯他耶六怛姪他唵七薩婆桑悉迦囉八波唎輸底九達摩底十伽伽那十一
莎訶某持伽底十二娑婆婆毗秫底十三摩訶那耶十四波唎婆唎莎訶十五
若有自書寫教人書寫是無量壽宗要經受持讀誦當命終時有九十九俱胝佛現其前
來千佛授手於彼一切佛剎莫於此經生於疑惑陀羅尼曰
南謨薄伽勃底一阿波唎蜜多二阿喻紇硯那三須毗你悉指陀四囉佐耶五怛他羯他耶六
薩婆婆毗秫底十三摩訶那耶十四波唎婆唎莎訶十五
若有自書寫教人書寫是無量壽宗要經受持讀誦當得四天王隨其衛護陀羅尼
南謨薄伽勃底一阿波唎蜜哆二阿喻紇硯那三須毗你悉指陀四囉佐耶五怛他羯他耶六
怛姪他唵七薩婆桑悉迦囉八波唎輸底九達摩底十伽伽那十一莎訶某持伽底
薩婆婆毗秫底十三摩訶那耶十四波唎婆唎莎訶十五
若有自書寫教人書寫是無量壽宗要經受持讀誦當得往生西方極樂世界阿彌
陀淨土陀羅尼曰　南謨薄伽勃底一阿波唎蜜多二阿喻紇硯那三須毗你悉指陀四囉
佐耶五怛他羯他耶六薩婆桑悉迦囉八波唎輸底九達摩底十伽伽那十一莎婆
莎訶某持伽底十二娑婆婆毗秫底十三摩訶那耶十四波唎婆唎莎訶十五

佐耶五　怛他羯他耶六　薩婆桑悉迦囉八　波利輸底九　達摩底十　伽伽那十一　莎婆
其特迦底十二　薩婆婆毗輸底十三　摩訶那耶十四　波利婆利莎訶十五
若有方所自書寫使人書寫是无量壽經典之處則為是塔皆應恭敬作作若是畜
生或為鳥獸得聞是經如是等類皆當不久得成一切種智陁羅尼曰
南謨薄伽勃底一　阿波利蜜多二　阿喻紇硯那三　須毗你悉指陁四　囉佐耶五　怛他羯他耶六
怛姪他唵七　薩婆桑悉迦羅八　波利輸底九　達摩底十　伽伽那十一　莎訶其特迦底十二
薩婆婆毗輸底十三　摩訶那耶十四　波利婆利莎訶十五
若有於是无量壽經自書寫若使人書寫畢竟不受女人之身陁羅尼曰
南謨薄伽勃底一　阿波利蜜多二　阿喻紇硯那三　須毗你悉指陁四　囉佐耶五　怛他羯他耶六
怛姪他唵七　薩婆桑悉迦羅八　波利輸底九　達摩底十　伽伽那十一　莎訶其特迦底十二
薩婆婆毗輸底十三　摩訶那耶十四　波利婆利莎訶十五
若有能於是經少分能惠施者等於三千大千世界滿中七寶布施陁羅尼曰
南謨薄伽勃底一　阿波利蜜多二　阿喻紇硯那三　須毗你悉指陁四　囉佐耶五　怛他羯他耶六
怛姪他唵七　薩婆桑悉迦羅八　波利輸底九　達摩底十　伽伽那十一　莎訶其特迦底十二
薩婆婆毗輸底十三　摩訶那耶十四　波利婆利莎訶十五

薩婆婆毗輸底 十三 摩訶那耶 十四 波利婆利莎訶 十五
若有自書供養是經者則是供養一切諸經等无有異陀羅尼曰
南无薄伽勃底 一 阿波利蜜多 二 阿喻紇硯那 三 須毗你悉指陀 四 羅佐耶 五 怛他羯他耶 六
怛姪他唵 七 薩婆桑悉伽羅 八 波利輸底 九 達摩底 十 伽伽那 十一 莎訶其持迦底 十二
薩婆婆毗輸底 十三 摩訶那耶 十四 波利波利莎訶 十五
如是毗婆尸佛 尸棄佛 毗舍浮佛 俱留孫佛 俱那含牟尼佛 迦葉佛 釋迦牟尼佛
若有人以七寶供養如是七佛其有限量書寫受持是无量壽經典所有功德不可
限量陀羅尼曰 南无薄伽勃底 一 阿波利蜜多 二 阿喻紇硯那 三 須毗你悉指他 四 囉佐耶 五
怛他羯他耶 六 怛姪他唵 七 薩婆桑悉伽羅 八 波利輸底 九 達摩底 十 伽伽那 十一
莎訶其持迦底 十二 薩婆婆毗輸底 十三 摩訶那耶 十四 波利輸底 十五
若有七寶等如須彌山以用布施其福上能知其限量是无量壽經典其福不可
知數陀羅尼曰 南无薄伽勃底 一 阿波利蜜多 二 阿喻紇硯那 三 須彌你悉指他 四 囉佐耶 五
怛他羯他耶 六 怛姪他唵 七 薩婆桑悉伽羅 八 波利輸底 九 達摩底 十 伽伽那 十一 悉訶
其持迦底 十二 薩婆婆毗輸底 十三 摩訶那耶 十四 波利婆利莎訶 十五
如是四大海水可知滴數是无量壽經典所生果報不可數量陀羅尼曰
南无薄伽勃底 一 阿波利蜜多 二 阿喻紇硯那 三 須毗你悉指陀 四 羅佐耶 五 怛他羯他耶

南无薄伽勃底 一 阿波利蜜多 二 阿喻紇硯那 三 須毗你悉指陀 四 囉佐耶 五 怛他羯他耶

怛姪他唵 七 薩婆桑悉迦羅 八 波利輸底 九 達摩底 十 伽伽那 十一 莎訶某持迦底 十二

薩婆婆毗輸底 十三 摩訶那耶 十四 波利婆利莎訶 十五

若有自書使人書寫是无量壽經典受持讀誦供養即如恭敬供養一切十方佛土如

來无有別異 陀羅尼曰

南无薄伽勃底 一 阿波利蜜多 二 阿喻紇硯那 三 須毗你悉指陀 四 囉佐耶 五 怛他羯他耶 六

怛姪他唵 七 薩婆桑悉迦羅 八 波利輸底 九 達摩底 十 伽伽那 十一 莎訶某持迦底 十二

薩婆婆毗輸底 十三 摩訶那耶 十四 波利婆利莎訶 十五

布施力能成正覺 悟布施力人師子 布施力能聲普聞 慈悲階漸寂能入

持戒力能成正覺 悟持戒力人師子 持戒力能聲普聞 慈悲階漸寂能入

忍辱力能成正覺 悟忍辱力人師子 忍辱力能聲普聞 慈悲階漸寂能入

精進力能成正覺 悟精進力人師子 精進力能聲普聞 慈悲階漸寂能入

禪定力能成正覺 悟禪定力人師子 禪定力能聲普聞 慈悲階漸寂能入

尒時如來說是經已一切世間天人阿修羅揵闥婆等聞佛所說皆大歡

喜信受奉行

壽信受奉行

佛說大乘无量壽宗要经一卷

已前六卷紙卅張

王瀚寫 眼闇書不得不放知之

BD00100

# 維摩詰所説經卷上

（後秦）鳩摩羅什 譯

1014.8cm × 24.5cm

唐

真名

菩薩定自在王菩薩法自在王

薩光相菩薩光嚴菩薩大嚴菩薩寶積菩薩辯

積菩薩寶手菩薩寶印手菩薩常舉手菩

薩常下手菩薩常慘菩薩喜根菩薩喜王

菩薩辯音菩薩虛空藏菩薩執寶炬菩薩

寶勇菩薩寶見菩薩帝網菩薩明網菩薩

無緣觀菩薩慧積菩薩寶勝菩薩天王菩薩壞

魔菩薩電得菩薩自在王菩薩功德相嚴菩薩

師子吼菩薩雷音菩薩山相擊音菩薩香象

菩薩白香象菩薩常精進菩薩不休息菩薩

妙生菩薩華嚴菩薩觀世音菩薩得大勢菩

薩梵網菩薩寶杖菩薩無勝菩薩嚴土菩薩
金髻菩薩珠髻菩薩弥勒菩薩文殊師利法
王子菩薩如是等三万二千人俱
復有万梵天王尸棄等從餘四天下来詣佛
所而聽法復有万二千天帝亦從餘四天下
来在會坐并餘大威力諸天龍神夜叉乾闥
婆阿脩羅迦樓羅緊那羅摩睺羅伽等悉来
會坐諸比丘比丘尼優婆塞優婆夷俱来會
坐彼時佛與无量百千之衆恭敬圍繞而為
說法譬如須弥山王顯于大海安處衆寶師
子之座蔽於一切諸来大衆
尒時毗耶離城有長者子名曰寶積與五百
長者子俱持七寶蓋来詣佛所頭面礼足各

長者子俱持七寶蓋來詣佛所頭面礼足各
以其蓋共供養佛佛之威神令諸寶蓋合成
一蓋遍覆三千大千世界而此世界廣長之
相悉於中現又此三千大千世界諸須弥山
雪山目真鄰陁山摩訶目真鄰陁山香山寶
山金山黑山鐵圍山大鐵圍山大海江河川流
泉源及日月星辰天宫龍宫諸尊神宫悉現
於寶蓋中又十方諸佛諸佛說法亦現於寶
蓋中尒時一切大衆覩佛神力嘆未曾有
合掌礼佛瞻仰尊顔目不暫捨長者子
寶積即於佛前以偈頌曰
目淨脩廣如青蓮　心淨已度諸禪定
久積淨業稱无量　導衆以寂故稽首
既見大聖以神變　普現十方无量土

其中諸佛演說法　於是一切悉見聞
法王法力超群生　常以法財施一切
能善分別諸法相　於第一義而不動
已於諸法得自在　是故稽首此法王
說法不有亦不無　以因緣故諸法生
無我無造無受者　善惡之業亦不亡
始在佛樹力降魔　得甘露滅覺道成
已無心意無受行　而悉摧伏諸外道
三轉法輪於大千　其輪本來常清淨
天人得道此為證　三寶於是現世間
以斯妙法濟群生　一受不退常寂然
度老病死大醫王　當禮法海德無邊
毀譽不動如須彌　於善不善等以慈

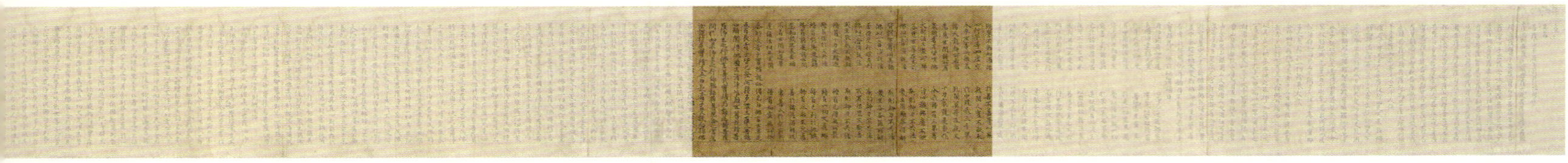

毀譽不動如須弥　於善不善等以慈
心行平等如虛空　孰聞人寶不敬承
今奉世尊此微蓋　於中現我三千界
諸天龍神所居宮　乾闥婆等及夜叉
悉見世間諸所有　十力哀現是變化
衆覩希有皆嘆佛　今我稽首三界尊
大聖法王衆所歸　淨心觀佛靡不欣
各見世尊在其前　斯則神力不共法
佛以一音演說法　衆生隨類各得解
皆謂世尊同其語　斯則神力不共法
佛以一音演說法　衆生各各隨所解
普得受行獲其利　斯則神力不共法
佛以一音演說法　或有恐畏或歡喜
或生猒離或斷疑　斯則神力不共法

稽首十力大精進　稽首已得無所畏
稽首住於不共法　稽首一切大道師
稽首能斷衆結縛　稽首已到於彼岸
稽首能度諸世間　稽首永離生死道
悉知衆生來去相　善於諸法得解脫
不著世間如蓮華　常善入於空寂行
達諸法相無罣閡　稽首如空無所依
爾時長者子寶積說此偈已白佛言世尊是
五百長者子皆已發阿耨多羅三藐三菩提
心願聞得佛國土清淨唯願世尊說諸菩
薩淨土之行佛言善哉寶積乃能為諸菩薩
問於如來淨土之行諦聽諦聽善思念之當為
汝說於是寶積及五百長者子受教而聽佛
言寶積衆生之類是菩薩佛土所以者何菩

汝說於是寶積及五百長者子受教而聽佛
言寶積衆生之類是菩薩佛土所以者何菩
薩隨所化衆生而取佛土隨所調伏衆生而
取佛土隨諸衆生應以何國入佛智慧而取
佛土隨諸衆生應以何國起菩薩根而取佛
土所以者何菩薩取於淨國皆爲饒益諸衆
生故譬如有人欲於空地造立宮室隨意無
㝵若於虛空終不能成菩薩如是爲成就衆
生故願取佛國願取佛國者非於空也寶積
當知直心是菩薩淨土菩薩成佛時不諂衆
生來生其國深心是菩薩淨土菩薩成佛時
具足功德衆生來生其國發大乘心是菩薩淨
土菩薩成佛時大乘衆生來生其國布施是
菩薩淨土菩薩成佛時一切能捨衆生來生

其國持戒是菩薩淨土菩薩成佛時行十善
道滿願衆生來生其國忍辱是菩薩淨土菩
薩成佛時卅二相莊嚴衆生來生其國精進
是菩薩淨土菩薩成佛時懃脩一切功德衆
生來生其國禪定是菩薩淨土菩薩成佛時
攝心不亂衆生來生其國智慧是菩薩淨土
菩薩成佛時正定衆生來生其國四无量心
是菩薩淨土菩薩成佛時成就慈悲喜捨衆
生來生其國四攝法是菩薩淨土菩薩成佛
時解脫所攝衆生來生其國方便是菩薩淨
土菩薩成佛時於一切法方便无㝵衆生來
生其國卅七道品是菩薩淨土菩薩成佛時
念處正勤神足根力覺道衆生來生其國迴
向心是菩薩淨土菩薩成佛時得一切具足功

念處正勤神足根力覺道衆生来生其國迴
向心是菩薩淨土菩薩成佛時時一切具足功
德國土說除八難是菩薩淨土菩薩成佛
時國土無有三惡八難自守戒行不譏彼闕
是菩薩淨土菩薩成佛時國土無有犯禁之
名十善道是菩薩淨土菩薩成佛時命不中
夭大富梵行所言誠諦常以濡語眷屬不離
善和諍訟言必饒益不嫉不恚正見衆生来
生其國如是寶積菩薩隨其直心則能發行
隨其發行則得深心隨其深心則意調伏隨
意調伏則如說行隨如說行則能迴向隨其
迴向則有方便隨其方便則成就衆生隨成
就衆生則佛土淨隨佛土淨則說法淨隨說
法淨則智慧淨隨智慧淨則其心淨隨其

心淨則一切功德淨是故寶積若菩薩欲得
淨土當淨其心隨其心淨則佛土淨
尒時舍利弗承佛威神作是念若菩薩心淨
則佛土淨者我世尊本爲菩薩時意豈不
淨而是佛土不淨若此佛知其念即告之言於
意云何日月豈不淨耶而盲者不見對曰不
也世尊是盲者過非日月咎舍利弗衆生罪
故不見如來佛國嚴淨非如來咎舍利弗我見
此土清淨而汝不見尒時螺髻梵王語舍利弗
勿作是意謂此佛土以爲不淨所以者何我見
釋迦牟尼佛土清淨譬如自在天宮舍利
弗言我見此土丘陵坑坎荊棘沙礫土石諸
山穢惡充滿螺髻梵王言仁者心有高下不依
佛慧故見此土爲不淨耳舍利弗菩薩於一

BD00100　維摩詰所説經卷上

山穢惡充滿螺髻梵王言仁者心有高下不依
佛慧故見此土為不淨耳舍利弗菩薩於一
切衆生悉皆平等深心清淨依佛智慧則能
見此佛土清淨於是佛以足指按地即時三
千大千世界若干百千珍寶嚴飾譬如寶莊
嚴佛无量功德寶莊嚴土一切大衆歎未曾
有而皆自見坐寶蓮華佛告舍利弗汝且
觀是佛土嚴淨舍利弗言唯然世尊本所不見
本所不聞今佛國土嚴淨悉現佛語舍利弗
我佛國土常淨若此為欲度斯下劣人故示
是衆惡不淨土耳譬如諸天共寶器食隨其
福德飯色有異如是舍利弗若人心淨便見
此土功德莊嚴當佛現此國土嚴淨之時寶
積所將五百長者子皆得無生法忍八万四

千人發阿耨多羅三藐三菩提心佛攝神足
於是世界還復如故求聲聞乘三万二千天
及人知有為法皆悉無常遠塵離垢得法
眼淨八千比丘不受諸法漏盡意解

方便品第二

尒時毗耶離大城中有長者名維摩詰已曾
供養无量諸佛深殖善本得無生忍辯才無
㝵遊戲神通逮諸揔持獲無所畏降魔勞
怨入深法門善於智度通達方便大願成就明
了衆生心之所趣又能分別諸根利鈍久於
佛道心已純淑決定大乘諸有所作能善思
量住佛威儀心大如海諸佛咨嗟弟子釋梵
世主所敬欲度人故以善方便居毗耶離資
財无量攝諸貧民奉戒清淨攝諸毀禁以忍

BD00100　維摩詰所說經卷上

財无量攝諸貧民奉戒清淨攝諸毀禁以忍
調行攝諸恚怒以大精進攝諸懈怠一心禪
寂攝諸亂意以決定慧攝諸無智雖為白衣
奉持沙門清淨律行雖處居家不著三界
示有妻子常脩梵行現有眷屬常樂遠離雖服
寶飾而以相好嚴身雖復飲食而以禪悅為
味若至博弈戲處輒以度人受諸異道不毀
正信雖明世典常樂佛法一切見敬為供養中
最執持正法攝諸長幼一切治生諧偶雖獲
俗利不以喜悅遊諸四衢饒益眾生入治政
法救護一切入講論處導以大乘入諸學堂
誘開童蒙入諸婬舍示欲之過入諸酒肆
能立其志若在長者長者中尊為說勝法若
在居士居士中尊斷諸其貪著若在剎利剎利

中尊教以忍辱若在婆羅門婆羅門中尊降
其我慢若在大臣大臣中尊教以正法若在
王子王子中尊示以忠孝若在內官內官中
尊化政宮女若在庶民庶民中尊令興福力
若在梵天梵天中尊誨以勝慧若在帝釋帝
釋中尊示現無常若在護世護世中尊護
護衆生長者維摩詰以如是等无量方便饒
益衆生其以方便現身有疾以其疾故國王大
臣長者居士婆羅門等及諸王子并餘官屬
無數人天皆往問疾其往者維摩詰因以身
疾廣爲說法諸仁者是身無常無强無力無
堅速朽之法不可信也爲苦爲惱衆病所集
諸仁者如此身明智者所不怙是身如聚沫
不可撮摩是身如泡不得久立是身如炎從

諸仁者如此身明智者所不怙是身如聚沫
不可撮摩是身如泡不得久立是身如炎從
渴愛生是身如芭蕉中無有堅是身如幻從
顛倒起是身如夢為虛妄見是身如影從業
緣現是身如響屬諸因緣是身如浮雲須臾
變滅是身如電念念不住是身無主為如地
是身無我為如火是身無壽為如風是身無
人為如水是身不實四大為家是身為空離
我我所是身無知如草木瓦礫是身無作風
力所轉是身不淨穢惡充滿是身為虛偽雖
假以澡浴衣食必歸磨滅是身為災百一病
惱是身如丘井為老所逼是身無定為要當
死是身如毒蛇如怨賊如空聚陰界諸入所
共合成諸仁者此可患厭當樂佛身所以者

何佛身者即法身也從无量功德智慧生從
戒定慧解脫解脫知見生從慈悲喜捨生從
布施持戒忍辱柔和懃行精進禪定解脫三
昧多聞智慧諸波羅蜜生從方便生從六通
生從三明生從卅七道品生從止觀生從十力
四無所畏十八不共法生從斷一切不善法
集一切善法生從真實生從不放逸生從如
是无量清淨法生如來身諸仁者欲得佛
身斷一切衆生病者當發阿耨多羅三藐三
菩提心如是長者維摩詰為諸問疾者如
應說法令無數千人皆發阿耨多羅三藐
三菩提心

弟子品第三

尒時長者維摩詰自念寢疾于牀世尊大慈

BD00100　維摩詰所說經卷上

弟子品第三

尒時長者維摩詰自念寢疾于林世尊大慈寧不垂愍佛知其意即告舍利弗汝行詣維摩詰問疾舍利弗白佛言世尊我不堪任詣彼問疾所以者何憶念我昔曾於林中宴坐樹下時維摩詰來謂我言唯舍利弗不必是坐為宴坐也夫宴坐者不於三界現身意是為宴坐不起滅定而現諸威儀是為宴坐不捨道法而現凡夫事是為宴坐心不住內亦不住外是為宴坐於諸見不動而脩行三十七品是為宴坐不斷煩惱而入涅槃是為宴坐若能如是坐者佛所印可時我世尊聞是語已默然而止不能加報故我不任詣彼問疾

佛告大目揵連汝行詣維摩詰問疾目連白

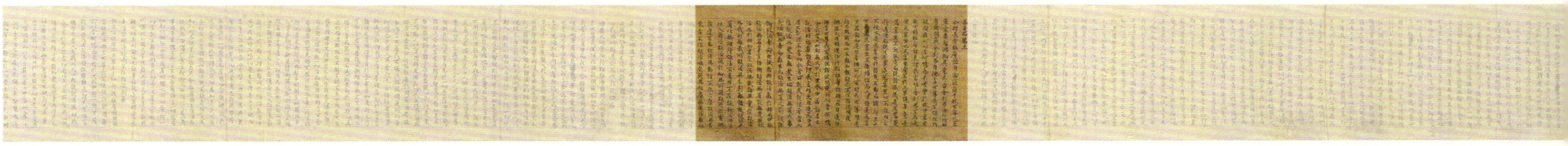

佛言世尊我不堪任詣彼問疾所以者何憶
念我昔入毗耶離大城於里巷中為諸居士
說法時維摩詰來謂我言唯大目連為白衣
居士說法不當如仁者所說夫說法者當如
法說法無衆生離衆生垢故法無有我離
我垢故法無壽命離生死故法無有人前後際
斷故法常寂然滅諸相故法離於相無所緣
故法無名字言語斷故法無有說離覺觀故
法無形相如虛空故法無戲論畢竟空故法
無我所離我所故法無分別離諸識故法無
有比無相待故法不屬因不在緣故法同法
性入諸法故法隨於如無所隨故法住實際
諸邊不動故法無動搖不依六塵故法無去
來常不住故法順空隨無相應無作法離好

乘常不住故法順空隨無相應無作法離好
醜法無增損法無生滅法無所歸法過眼耳
鼻舌身心法無高下法常住不動法離一切觀
行唯大目連法相如是豈可說乎夫說法者
無說無示其聽法者無聞無得譬如幻士為幻
人說法當建是意而為說法當了衆生根有
利鈍善於知見無所罣㝵以大悲心讚于大
乘念報佛恩不斷三寶然後說法維摩詰說
是法時八百居士發阿耨多羅三藐三菩提
心我無此辯是故不任詣彼問疾
佛告大迦葉汝行詣維摩詰問疾迦葉白佛
言世尊我不堪任詣彼問疾所以者何憶念
我昔於貧里而行乞食時維摩詰來謂我言
唯大迦葉有慈悲心而不能普捨豪富從貧乞

迦葉住平等法應次行乞食爲不食故應行
乞食爲壞和合相故應取揣食爲不受故應
受彼食以空聚想入於聚落所見色與盲等
所聞聲與響等所嗅香與風等所食味不分
別受諸觸如智證知諸法如幻相無自性無
他性本自不然今則無滅迦葉若能不捨八
邪入八解脫以邪相入正法以一食施一切供
養諸佛及衆賢聖然後可食如是食者非
有煩惱非離煩惱非入定意非起定意非住
世間非住涅槃其有施者無大福無小福不
爲益不爲損是爲正入佛道不依聲聞迦
葉若如是食爲不空食人之施也時我世尊
聞說是語得未曾有即於一切菩薩深起敬心
復作是念斯有家名辯才智慧乃能如是其

復作是念斯有家名辯才智慧乃能如是其
誰不發阿耨多羅三藐三菩提心我從是來
不復勸人以聲聞辟支佛行是故我不任詣彼問疾
佛告須菩提汝行詣維摩詰問疾須菩提
白佛言世尊我不堪任詣彼問疾所以者
何憶念我昔入其舍從乞食時維摩詰取我
鉢盛滿飯謂我言唯須菩提若能於食等者
諸法亦等諸法等者於食亦等如是行乞乃
可取食若須菩提不斷婬怒癡亦不與俱不
壞於身而隨一相不滅癡愛起於明脫以五
逆相而得解脫亦不解不縛不見四諦非不見
諦非得果非不得果非凡夫非離凡夫法非聖人
非不聖人雖成就一切法而離諸法相乃可食
若須菩提不見佛不聞法彼外道六師富樓

那迦葉末迦梨拘賒梨子刪闍夜毗羅胝子
阿耆多翅舍欽婆羅迦羅鳩馱迦栴延尼揵
陁若提子等是汝之師因其出家彼師所墮
汝亦隨墮乃可取食若須菩提入諸邪見不到
彼岸住於八難不得無難同於煩惱離清淨
法汝得無諍三昧一切衆生亦得是定其施汝
者不名福田供養汝者墮三惡道為與衆
魔共一手作諸勞侶汝與衆魔及諸塵勞等
無有異於一切衆生而有怨心謗諸佛毀於
法不入衆數終不得滅度汝若如是乃可取
食時我世尊聞說此語茫然不識是何言不
知以何荅便置鉢欲出其舍維摩詰言唯須菩
提取鉢勿懼於意云何如來所作化人若以是
事詰寧有懼不我言不也維摩詰言一切諸法

BD00100　維摩詰所說經卷上

提取鉢勿懼於意云何如來所作化人若以是
事詰寧有懼不我言不也維摩詰言一切諸法
如幻化相汝今不應有所懼也所以者何一
切言說不離是相至於智者不著文字故無
所懼何以故文字性離無有文字是則解脫
解脫相者則諸法也維摩詰說是法時二百天
子得法眼淨故我不任詣彼問疾
佛告富樓那彌多羅尼子汝行詣維摩詰問疾
富樓那白佛言世尊我不堪任詣彼問疾
所以者何憶念我昔於大林中在一樹下為
諸新學比丘說法時維摩詰來謂我言唯富
樓那先當入定觀此人心然後說法無以穢
食置於寶器當知是比丘心之所念無以流
璃同彼水精汝不能知衆生根原無得發起

以小乘法彼自無瘡勿傷之也欲行大道莫
示小徑無以大海內於牛跡無以日光等彼熒
火冨樓那此比丘久發大乘心中忘此意汝
何以小乘法而教導之我觀小乘智慧微淺
猶如盲人不能分別一切衆生根之利鈍時
維摩詰即入三昧令此比丘自識宿命曾於
五百佛所殖衆德本迴向阿耨多羅三藐三
菩提即時豁然還得本心於是諸比丘稽
首礼維摩詰足時維摩詰因爲說法於阿
耨多羅三藐三菩提不復退轉我念聲聞不
觀人根不應說法是故不任詣彼問疾
佛告摩訶迦旃延汝行詣維摩詰問疾迦旃
延白佛言世尊我不堪任詣彼問疾所以者
何憶念昔者佛爲諸比丘略說法要我即於

何憶念昔者佛為諸比丘略說法要我即於
後敷演其義謂無常義苦義空義無我義
寂滅義時維摩詰来謂我言唯迦旃延無以
生滅心行說實相法迦旃延諸法畢竟不生
不滅是無常義五受陰通達空無所起是苦
義諸法究竟無所有是空義於我無我而不
二是無我義法本不然今則無滅是寂滅義
說是法時彼諸比丘心得解脫故我不任詣
彼問疾
佛告阿那律汝行詣維摩詰問疾阿那律白
佛言世尊我不堪任詣彼問疾所以者何憶
念我昔於一處經行時有梵王名曰嚴淨與
万梵俱放淨光明来詣我所稽首作礼問我
言幾何阿那律天眼所見我即答言仁者吾

見此釋迦牟尼佛土三千大千世界如觀掌中
菴摩勒菓時維摩詰来謂我言唯阿那律天
眼所見為作相耶無作相耶假使作相則與外道
五通等若無作相即是無為不應有見世尊
我時默然彼諸梵聞其言得未曾有即為
作礼而問曰世孰有真天眼者維摩詰言有
佛世尊得真天眼常在三昧悉見諸佛國不
以二相於是嚴淨梵王及其眷屬五百梵天
皆發阿耨多羅三藐三菩提心礼維摩詰足
已忽然不現故我不任詣彼問疾
佛告優波離汝行詣維摩詰問疾優婆離白
佛言世尊我不堪任詣彼問疾所以者何憶
念昔者有二比丘犯律行以為恥不敢問佛
来問我言唯優波離我等犯律誠以為恥不
敢問佛願解疑悔得免斯咎我即為其如法

BD00100　維摩詰所説經卷上

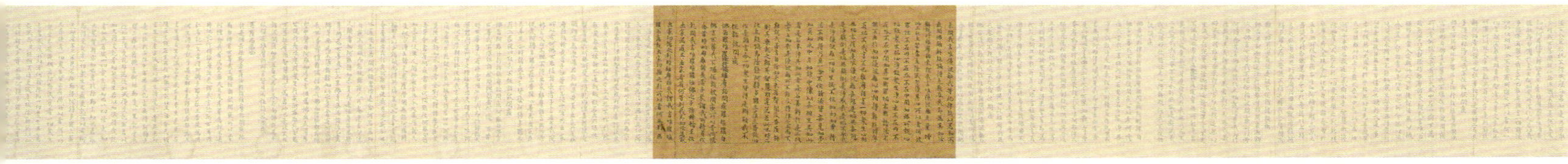

来問我言唯優波離我等犯律誠以為恥不
敢問佛願解疑悔得免斯咎我即為其如法
解説時維摩詰来謂我言唯優波離无量增
此二比丘罪當直除滅勿擾其心所以者何彼
罪性不在内不在外不在中間如佛所説心
垢故衆生垢心浄故衆生浄心亦不在内不
在外不在中間如其心然罪垢亦然諸法亦
然不出於如如優波離以心相得解脱時寧
有垢不我言不也維摩詰言一切衆生心相
無垢亦復如是唯優波離妄想是垢無妄想
是浄顛倒是垢無顛倒是浄取我是垢不取我
是浄優波離一切法生滅不住如幻如電諸
法不相待乃至一念不住諸法皆妄見如夢
如炎如水中月如鏡中像以妄想生其知此

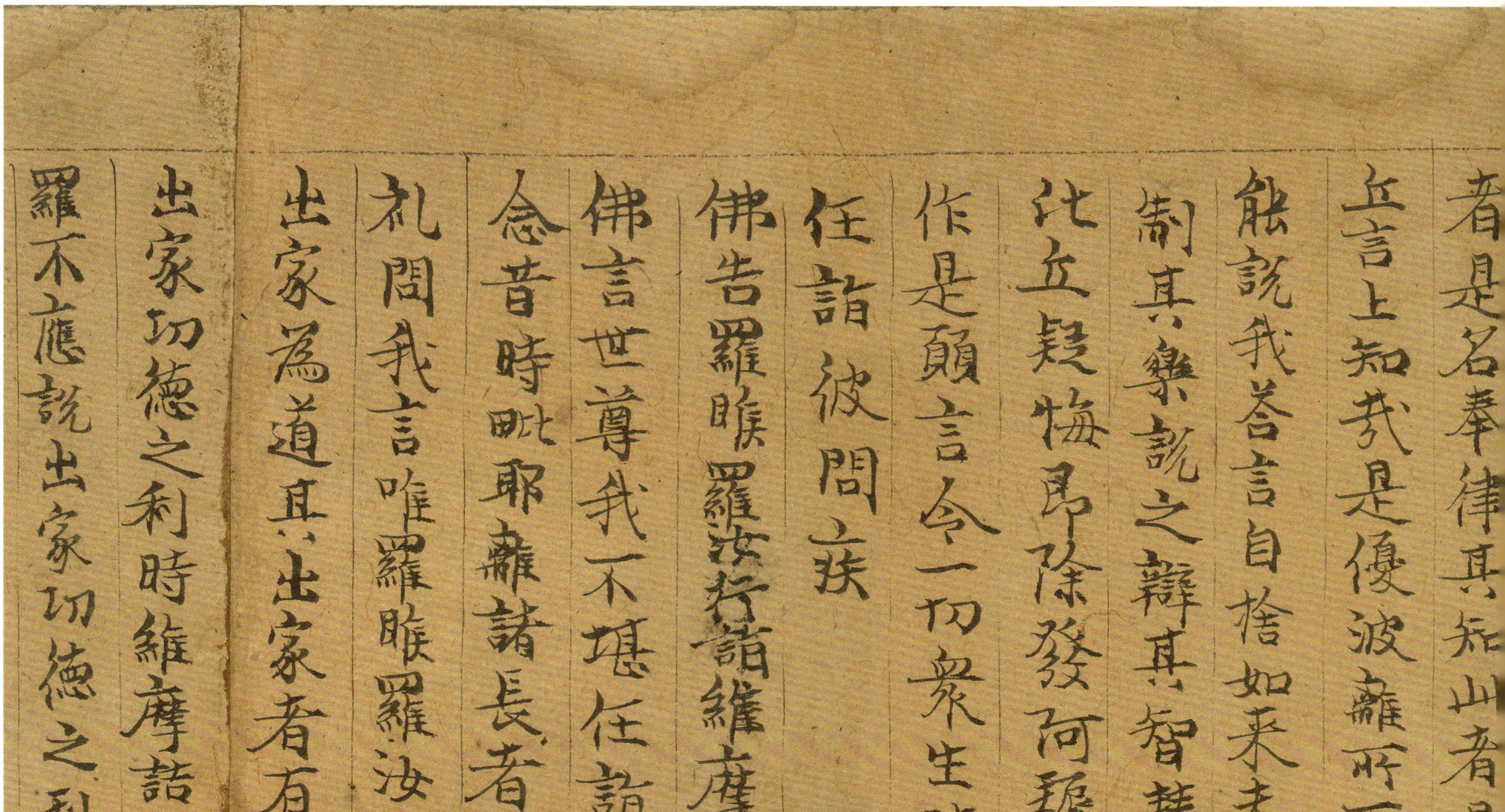

者是名奉律其知此者是名善解於是二比
丘言上知我是優波離所不能及持律之上而不
能說我荅言自捨如來未有聲聞及菩薩能
制其樂說之辯其智慧明達為若此也時二
比丘疑悔即除發阿耨多羅三藐三菩提心
作是願言令一切衆生皆得是辯故我不
任詣彼問疾
佛告羅睺羅汝行詣維摩詰問疾羅睺羅白
佛言世尊我不堪任詣彼問疾所以者何憶
念昔時毗耶離諸長者子來詣我所稽首作
礼問我言唯羅睺羅汝佛之子捨轉輪王位
出家為道其出家者有何等利我即如法為說
出家功德之利時維摩詰來謂我言唯羅睺
羅不應說出家功德之利所以者何無利無

BD00100　維摩詰所説經卷上

羅不應説出家功德之利所以者何無利無
功德是爲出家有爲法者可説有利有功德
夫出家者爲無爲法無爲法中無利無功德
羅睺羅夫出家者無彼無此亦無中間離六十
二見處於涅槃智者所受聖所行處降伏衆
魔度五道淨五眼得五力立五根不惱於彼
離衆雜惡摧諸外道超越假名出淤泥無
繫著無我所無所受無擾亂内懷喜護彼意
隨禪定離衆過若能如是是眞出家於是維
摩詰語諸長者子汝等於正法中宜共出家
所以者何佛世難值諸長者子言居士我聞
佛言父母不聽不得出家維摩詰言然汝等
便發阿耨多羅三藐三菩提心是即出家是
即具足尒時諸長者子皆發阿耨多羅三

藐三菩提心故我不任詣彼問疾
佛告阿難汝行詣維摩詰問疾阿難白佛言
世尊我不堪任詣彼問疾所以者何憶念昔
時世尊身小有疾當用牛乳我即持鉢詣大
婆羅門家門下立時維摩詰來謂我言唯阿
難何爲晨朝持鉢住此我言居士世尊身小有
疾當用牛乳故來至此維摩詰言止止阿難
莫作是語如來身者金剛之體諸惡已斷衆
善普會當有何疾當有何惱默往阿難勿謗
如來莫使異人聞此麁言無令大威德諸天
及他方淨土諸來菩薩得聞斯語阿難轉
輪聖王以少福故尚得無病豈況如來无量福
會普勝者哉行矣阿難勿使我等受斯恥也
外道梵志若聞此語當作是念何名爲師

BD00100　維摩詰所説經卷上

外道梵志若聞此語當作是念何名為師
自疾不能救而能救諸疾人可密速去勿使
人聞當知阿難諸如來身即是法身非思欲
身佛為世尊過於三界佛身無漏諸漏已盡
佛身無為不墮諸數如此之身當有何疾時
我世尊實懷慚愧得無近佛而謬聽耶即聞
空中聲曰阿難如居士言但為佛出五濁惡
世現行斯法度脫衆生行矣阿難取乳勿慚
世尊維摩詰智慧辯才為若此也是故不任
詣彼問疾如是五百大弟子各各向佛說其本
緣稱述維摩詰所言皆曰不任詣彼問疾

菩薩品第四

於是佛告弥勒菩薩汝行詣維摩詰問疾弥
勒白佛言世尊我不堪任詣彼問疾所以者

何憶念我昔爲兜率天王及其眷屬説不退
轉地之行時維摩詰來謂我言弥勒世尊授
仁者記一生當得阿耨多羅三藐三菩提爲用
何生得受記乎過去耶未來耶現在耶若過
去生過去生已滅若未來生未來生未至若
現在生現在生無住如佛所説比丘汝今即時
亦生亦老亦滅若以無生得受記者無生即
是正位於正位中亦無受記亦無得阿耨多
羅三藐三菩提云何弥勒受一生記乎爲
從如生得受記耶爲從如滅得受記耶若以
如生得受記者如無有生若以如滅得受記
者如無有滅一切衆生皆如也一切法亦如
也衆聖賢亦如也至於弥勒亦如也若弥
勒得受記者一切衆生亦應受記所以者何

BD00100　維摩詰所説經卷上

勒得受記者一切衆生亦應受記所以者何
夫如者不二不異若弥勒得阿耨多羅三藐
三菩提者一切衆生皆亦應得所以者何一切
衆生即菩提相若弥勒滅度者一切衆生
亦當滅度所以者何諸佛知一切衆生畢竟
寂滅即涅槃相不復更滅是故弥勒無以此
法誘諸天子實無發阿耨多羅三藐三菩提
心者亦無退者弥勒當令此諸天子捨於分
别菩提之見所以者何菩提者不可以身得
不可以心得寂滅是菩提滅諸相故不觀是
菩提離諸緣故不行是菩提無憶念故斷是
菩提捨諸見故離是菩提離諸妄想故鄣是
菩提鄣諸願故不入是菩提無貪著故順是
菩提順於如故住是菩提住法性故至是菩

提至實際故不二是菩提離意法故等是菩
提等虛空故無爲是菩提無生住滅故智是
菩提了衆生心行故不會是菩提諸入不會
故不合是菩提離煩惱習故無處是菩提無
形色故假名是菩提名字空故如化是菩提
無取捨故無亂是菩提常自静故善寂是菩
提性清淨故無取是菩提離攀緣故無異
是菩提諸法等故無比是菩提無可喻故微
妙是菩提諸法難知故世尊維摩詰説是
法時二百天子得無生法忍故我不任詣彼
問疾
佛告光嚴童子汝行詣維摩詰問疾光嚴白
佛言世尊我不堪任詣彼問疾所以者何憶
念我昔出毗耶離大城時維摩詰方入城我
即爲作禮而問言居士從何所來

BD00100　維摩詰所説經卷上

念我昔出毗耶離大城時維摩詰方入城我
即爲作礼而問言居士從何所来答我言
吾從道場来我問道場者何所是答曰直心
是道場無虛假故發行是道場能辯事故深
心是道場增益功德故菩提心是道場無錯
謬故布施是道場不望報故持戒是道場得
願具故忍辱是道場於諸衆生心無导故精
進是道場不懈退故禪定是道場心調柔故
智慧是道場現見諸法故慈是道場等衆生故
悲是道場忍疲苦故喜是道場悅樂法故捨
是道場憎愛斷故神通是道場成就六通故
解脫是道場能背捨故方便是道場教化
衆生故四攝法是道場攝衆生故多聞是道
場如聞行故伏心是道場正觀諸法故三十

（22–18）

七品是道塲捨有爲法故諦是道塲不誑世
間故緣起是道塲無明乃至老死皆無盡故諸
煩惱是道塲知如實故衆生是道塲知無我
故一切法是道塲知諸法空故降魔是道塲
不傾動故三界是道塲無所趣故師子吼是
道塲無所畏故力無畏不共法是道塲無諸
過故三明是道塲無餘㝵故一念知一切法是
道塲成就一切智故如是善男子菩薩若應
諸波羅蜜教化衆生諸有所作舉足下足
當知皆從道塲來住於佛法矣說是法時五
百天人皆發阿耨多羅三藐三菩提心故我
不任詣彼問疾
佛告持世菩薩汝行詣維摩詰問疾持世白
佛言世尊我不堪任詣彼問疾所以者何憶
念我昔住於靜室時魔波旬從萬二千

BD00100　維摩詰所説經卷上

佛言世尊我不堪任詣彼問疾所以者何憶
念我昔住於靜室時魔波旬從万二千天女
狀如帝釋鼓樂弦歌來詣我所與其眷屬稽
首我足合掌恭敬於一面立我意謂是帝釋
而語之言善來憍尸迦雖福應有不當自恣
當觀五欲無常以求善本於身命財而脩堅
法即語我言正士受是万二千天女可備掃
灑我言憍尸迦無以此非法之物要我沙門
釋子此非我宜所言未訖時維摩詰來謂
我言非帝釋也是爲魔來嬈固汝耳即語魔
言是諸女等可以與我如我應受魔即驚懼
念維摩詰將無惱我欲隱形去而不能隱盡其
神力亦不得去即聞空中聲曰波旬以女與
之乃可得去魔以畏故俛仰而與尒時維摩

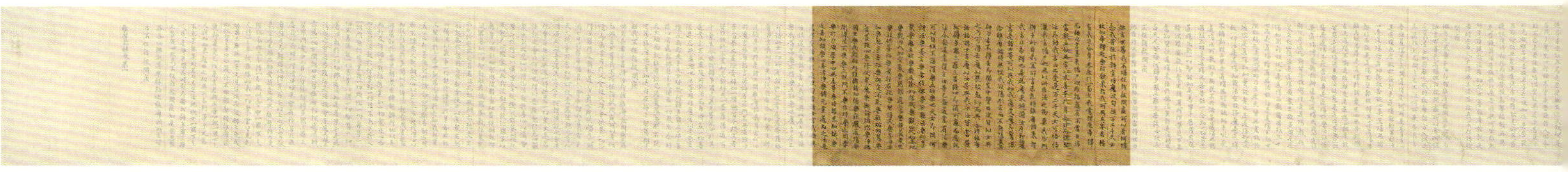

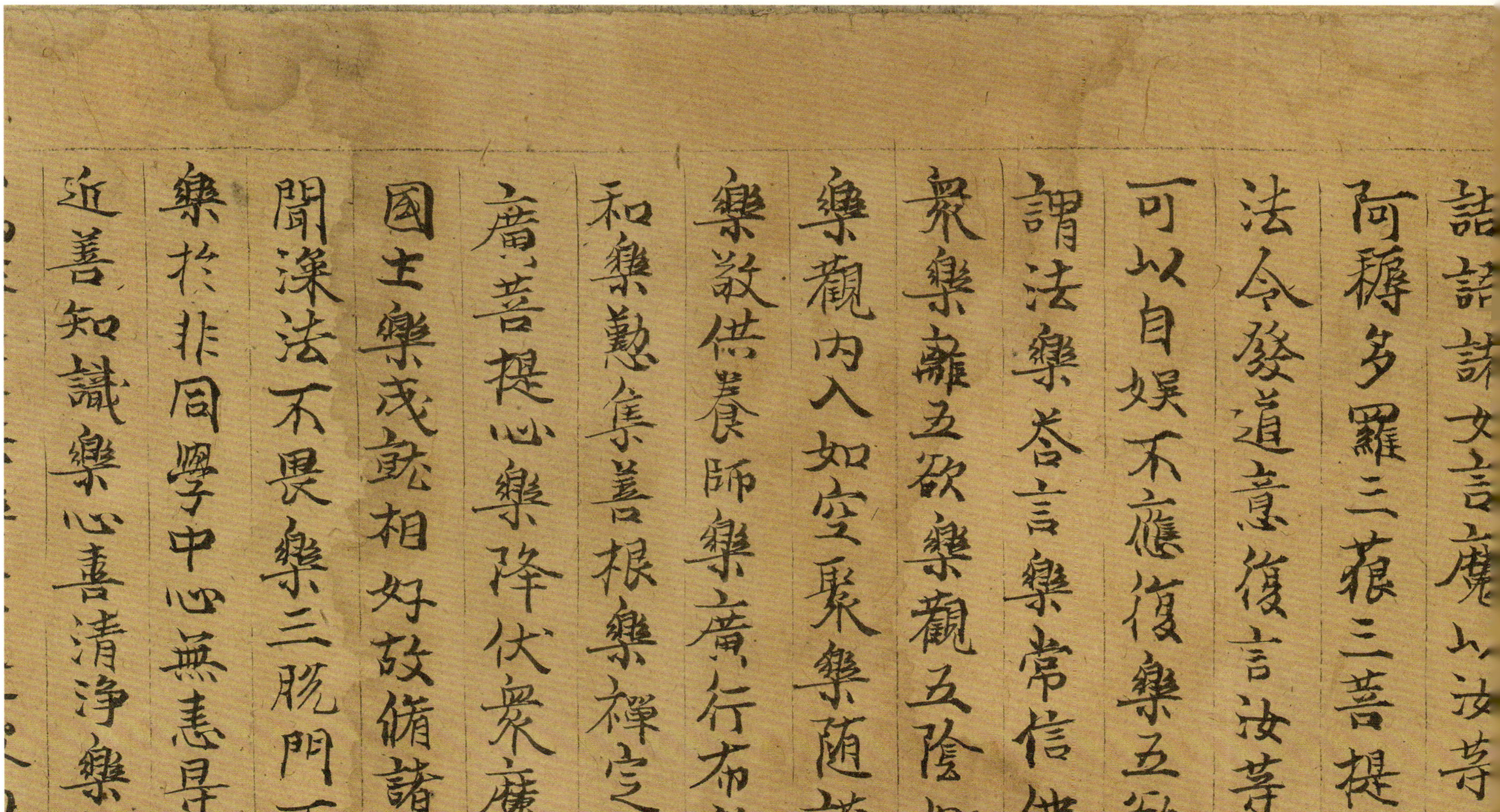
詰語諸女言魔以汝等與我今汝皆當發
阿耨多羅三藐三菩提心即隨所應而為説
法令發道意復言汝等已發道意有法樂
可以自娛不應復樂五欲樂也天女即問何
謂法樂荅言樂常信佛樂欲聽法樂供養
衆樂離五欲樂觀五陰如怨賊樂觀四大如毒虵
樂觀內入如空聚樂隨護道意樂饒益衆生
樂敬供養師樂廣行布施樂堅持戒樂忍辱柔
和樂懃集善根樂禪定不亂樂離垢明慧樂
廣菩提心樂降伏衆魔樂斷諸煩惱樂淨佛
國土樂成就相好故脩諸功德樂莊嚴道場樂
聞深法不畏樂三脫門不樂非時樂近同學
樂於非同學中心無恚閡樂將護惡知識樂
近善知識樂心喜清淨樂脩無量道品之法是

BD00100　維摩詰所説經卷上

近善知識樂心喜清淨樂脩无量道品之法是
為菩薩法樂於是波旬告諸女言我欲與
汝俱還天宮諸女言以我等與此居士有法
樂我等甚樂不復樂五欲樂也魔言居士
可捨此女一切所有施於彼者是為菩薩維
摩詰言我以捨矣汝便將去令一切衆生得
法願具足於是諸女問維摩詰我等云何止
於魔宮維摩詰言諸姉有法門名無盡燈汝
等當學無盡燈者譬如一燈燃百千燈冥者
皆明明終不盡如是諸姉夫一菩薩開道百
千衆生令發阿耨多羅三藐三菩提心於其
道意亦不滅盡隨所說法而自增益一切善
法是名無盡燈也汝等雖住魔宮以是無盡
燈令無數天子天女皆發阿耨多羅三藐三菩

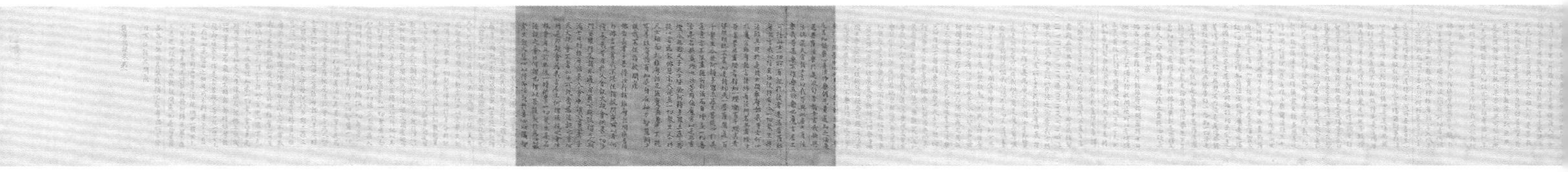

提心者爲報佛恩亦大饒益一切衆生尒時
天女頭面礼維摩詰足隨魔還宮忽然不現
世尊維摩詰有如是自在神力智慧辯才
故我不任詣彼問疾
佛告長者子善得汝行詣維摩詰問疾善得
白佛言世尊我不堪任詣彼問疾所以者何
憶念我昔自於父舍設大施會供養一切沙
門婆羅門及諸外道貧窮下賤孤獨乞人期
滿七日時維摩詰來入會中謂我言長者子
夫大施會不當如汝所設當爲法施之會何
用是財施會爲我言居士何謂法施之會法
施會者無前無後一時供養一切衆生是名
法施之會曰何謂也謂以菩提起於慈心以救
衆生起大悲心以持正法起於喜心以攝智

[illegible]
衆生起大悲心以持正法起於喜心以攝智
慧行於捨心以攝慳貪起檀波羅蜜以化犯
戒起尸波羅蜜以無我法起羼提波羅蜜以
離身心相起毗梨耶波羅蜜以菩提相起禪
波羅蜜以一切智起般若波羅蜜教化衆生
而起於空不捨有爲法而起無相示現受生
而起無作護持正法起方便力以度衆生起
四攝法以敬事一切起除慢法於身命財起
三堅法於六念中起思念法於六和敬起質
直心正行善法起於淨命心淨歡喜起近賢
聖不憎惡人起調伏心以出家法起於深心以
如說行起於多聞以無淨法起空閑處趣向
佛慧起於宴坐解衆生縛起脩行地以具
相好及淨佛土起富德業知一切衆生心念

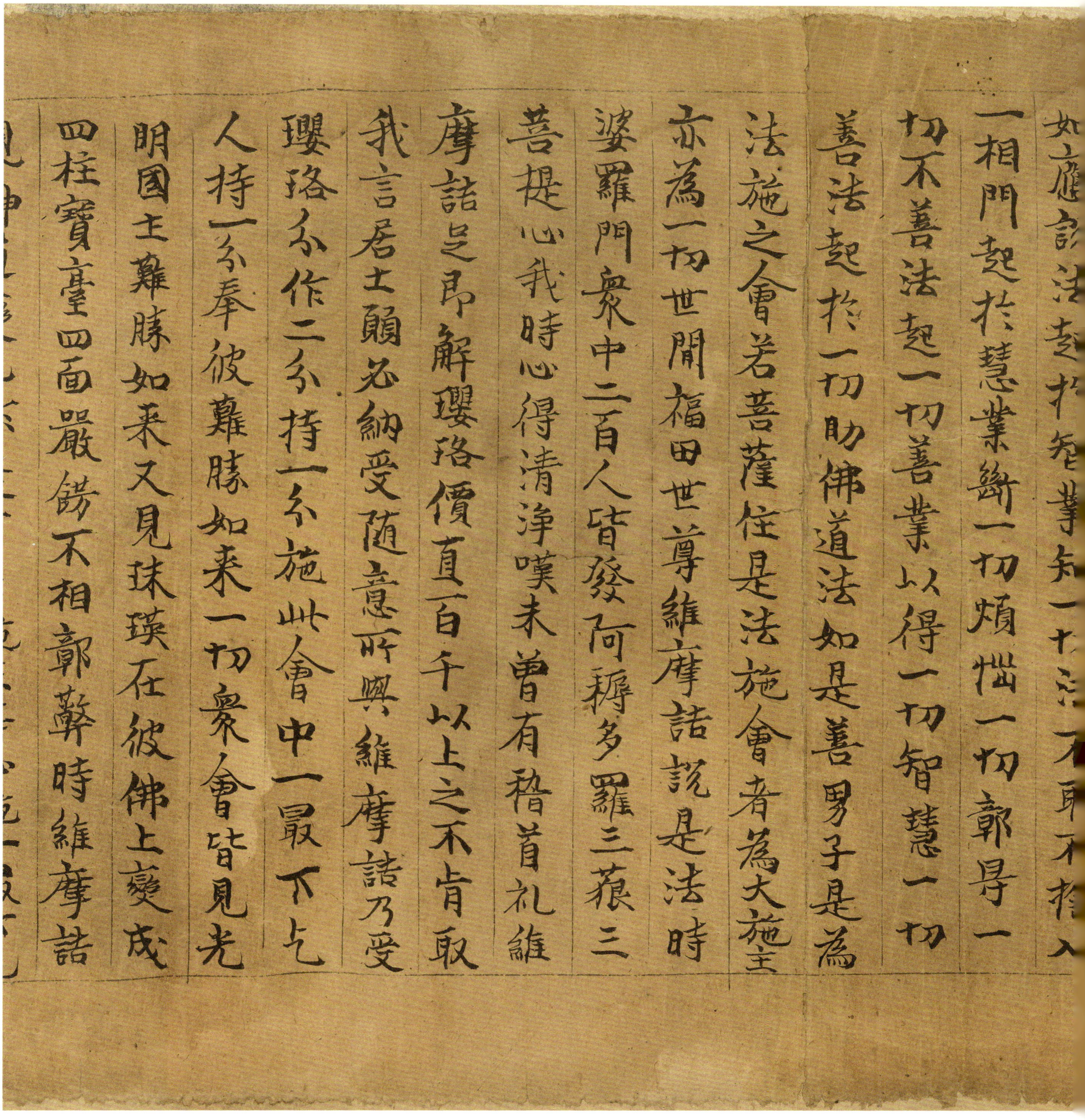

如應說法起於智業知一切法不取不捨入
一相門起於慧業斷一切煩惱一切鄣㝵一
切不善法起一切善業以得一切智慧一切
善法起於一切助佛道法如是善男子是為
法施之會若菩薩住是法施會者為大施主
亦為一切世間福田世尊維摩詰說是法時
婆羅門衆中二百人皆發阿耨多羅三藐三
菩提心我時心得清淨嘆未曾有稽首礼維
摩詰足即解瓔珞價直百千以上之不肯取
我言居士願必納受隨意所與維摩詰乃受
瓔珞分作二分持一分施此會中一最下乞
人持一分奉彼難勝如來一切衆會皆見光
明國土難勝如來又見珠瓔在彼佛上變成
四柱寶臺四面嚴飾不相鄣蔽時維摩詰

BD00100　維摩詰所説經卷上

四柱寶臺四面嚴餝不相鄣蔽時維摩詰
現神通變已作是言若施主等心施一最下乞
人猶如如來福田之相無所分別等于大悲
不求果報是則名曰具足法施城中一最下乞
人見是神力聞其所說即發阿耨多羅三藐
三菩提心故我不任詣彼問疾如是諸菩薩
各各向佛說其本緣稱述維摩詰所言皆
曰不任詣彼問疾

維摩詰經卷第一

BD00100　維摩詰所説經卷上

# BD00101 佛名經（十六卷本）卷一三

1113.6cm × 26.8cm

[illegible]　南无[illegible]佛

南无心自在佛

南无炎光佛

南无无邊光王佛

南无寶兩頭佛

南无智波婆羅佛　南无毗盧稱佛

南无智成就佛　南无无滯佛

南无无邊功德王佛　南无法華婆師佛

南无光佛　南无妙山王佛

從此以上九千六百佛十二部經一切賢聖

南无轉法轉勝王佛　南无无垢目佛

南无住持大般若佛　南无不住力精進王佛

南无自在識佛　南无現念佛

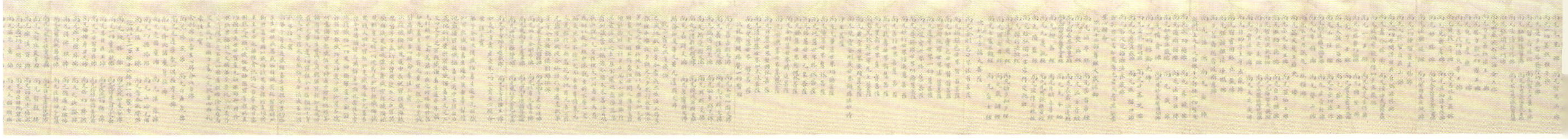

南无福德力精進佛　南无智袈裟王佛
南无智自在佛　南无安隱衆生无障佛
南无智集佛　南无摩訶弥留力藏佛
南无虛空光明佛　南无離癡功德聲王佛
南无向伽樓功德精進佛
南无法施莊嚴佛　南无聲自在王佛
南无護門佛　南无自在力精進王佛
南无寶光明勝王佛　南无勝一切須弥山王佛
南无羅多那弥留佛　南无不可得動法佛
南无陁羅尼自在王佛
南无普功德王佛　南无法莎羅王弥留佛
南无智集功德聚佛　南无智炎華樹王佛
南无一切世間自在佛　南无善華王佛
南无金子遮那王佛　南无法幢奮迅王佛

南无一切世間自在佛　南无善華王佛
南无金于遮那王佛　南无法幢奮迅王佛
南无旃檀波婆羅圍遶佛
南无住法分稱佛　南无隨衆生心奮迅佛
南无堅心意精進佛　南无照一切世間燈佛
南无无邊稱莎羅幢佛
南无過去稱法雨佛　南无切德炎華佛
南无智行佛　南无樂威德燈佛
南无離諸障无畏佛　南无智照聲佛
南无二藏成就佛　南无集妙行佛
南无樂莊嚴王佛　南无向僧祇莊嚴王佛
南无師子坐善住佛　南无放栴檀華王佛
舍利弗我於此坐以清淨无障㝵過人天
眼見東方多百弗多千弗多百千弗多百

千万佛多百千億佛多百千万億那由他佛
无量阿僧祇佛不可思議佛不可量佛
種種名種種姓種種世界種種佛國土種種
比丘比丘尼優婆塞優婆夷圍遶種種天
龍夜叉乾闥婆阿脩羅迦樓羅緊那羅摩
睺羅伽人非人等圍遶供養我悉現見如觀
掌中菴摩勒菓舍利弗若有善男子善
女人比丘比丘尼優婆塞優婆夷信我語受
持讀誦是諸佛名當洗浴著新淨衣
於晝日初分時中分時後分時夜前分時
中分時後分時從坐起偏袒右肩右膝
著地一心稱是佛名供養礼拜作如是言
如来所知十方諸佛我敬礼舍利弗是
善男子善女人比丘比丘尼優婆塞優婆

如来所知十方諸佛我敬礼舍利弗是
善男子善女人比丘比丘尼優婆塞優婆
夷如是供養礼拜得无量福
舍利弗若欲得聲聞地欲得辟支佛地欲
得阿耨多羅三藐三菩提者當礼十方諸
佛一切皆得
復作是言是諸福德聚諸佛如来所知
我悉迴向阿耨多羅三藐三菩提
舍利弗應當歸命東方一切諸佛
南无師子奮迅王佛　南无力士自在王佛
南无法自在奮迅佛　南无脩行堅固自在佛
南无法山勝佛　南无寶山佛
南无自在陁羅集佛　南无樹提藏佛
南无量宿[illegible]佛　南无刀惠力堅固王佛

南无人聲自在增長佛　南无勝一切世間佛
南无三世法界佛　南无妙聲吼佛
南无寶地龍王佛　南无法疾吼聲佛
南无香波頭摩擇自在寶城佛
南无光輪佛　南无寶蓮佛
南无功德華佛　南无多供養佛
南无无邊德王佛　南无增長壽佛
南无師子龍奮迅佛　南无莎羅藏師子步佛
南无觀諸法佛　南无法華智佛
南无時法清淨佛　南无堅固精進言語佛
南无聲精進佛　南无炎摩尼佛
南无山光明佛　南无清淨无垢藏佛
南无无垢月佛　南无清淨根佛
南无多智佛　南无能作智佛

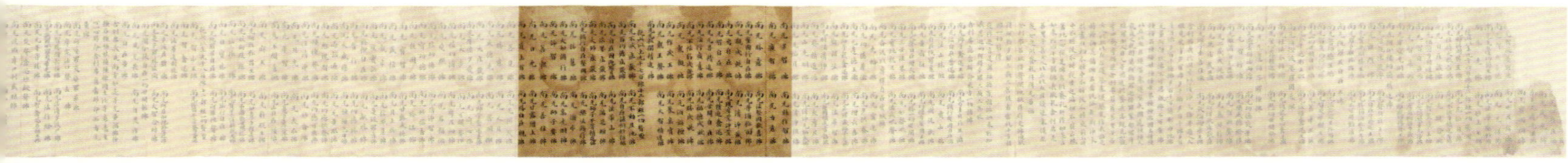

南无多智佛　南无能作智佛
南无廣智佛　南无力意佛
南无勝意佛　南无法堅固歡喜佛
南无堅固行自在佛　南无善須弥面佛
南无觀成就佛　南无清淨藏佛
南无鳥自在佛　南无現摩葉淨葉佛
南无智自在佛　南无精進奮迅佛
南无无㝵精進佛　南无世間自在佛
南无法行廣意佛　南无福德成就佛
南无不怯弱成就佛　南无勝成就佛
南无龍觀佛　南无須旃檀佛
南无作威王佛　南无聚集寶佛
南无龍王聲佛　南无大智精進佛

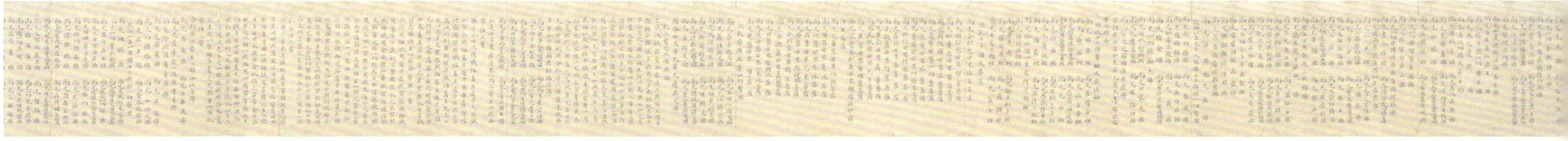

南无无孫羅精進佛
從此以上九千七百佛十二部經一切賢聖
南无不減莊嚴佛　南无不動居他佛
南无百切德莊嚴佛　南无自在諸相好稱佛
南无自在因陁羅月佛　南无法華山佛
南无法界莊嚴佛　南无滿足願佛
南无大師莊嚴佛　南无師子平等精進佛
南无脩行自在堅固佛　南无樂法脩行佛
南无勝慧佛　南无海步佛
南无大如脩行佛　南无高光明佛
南无諍智佛　南无師子聲佛
南无善報佛　南无善住佛
南无日光佛　南无甘露增上佛
南无道上首佛　南无勝自在親佛

南无日光佛　南无甘露増上佛
南无道上首佛　南无勝自在親佛
南无善見佛　南无无濁義佛
南无勝意佛　南无人月佛
南无威德光佛　南无普明佛
南无大莊嚴佛　南无師子奮迅去佛
南无摩樓多愛佛　南无府心佛
南无大步佛　南无可聞聲佛
南无積功德佛　南无摩尼向佛
南无愛照佛　南无名稱佛
南无信功德佛　南无清淨智佛
南无寶功德佛　南无妙信香佛
南无熱園佛　南无勝仙佛
南无寶智佛　南无甘露威惠佛

南无藏信佛　南无月上勝佛
南无龍步佛　南无信黠慧佛
南无愛實語佛　南无憂波羅香佛
南无旃檀自在佛　南无款勝佛
南无普行佛　南无功德勝佛
南无大威德佛　南无種種色日佛
南无過諸過佛　南无无量眼佛
南无慚愧智佛　南无功德供養佛
南无種種聲佛　南无功德可樂佛
南无住清淨佛　南无妙香佛
南无月光佛　南无衮尒佛
南无華智佛　南无憂多摩意佛
南无不闍意佛　南无山自在積佛
南无觧王佛　南无觧脫王佛

南无華智佛　南无憂多摩意佛
南无不闇意佛　南无山自在積佛
南无寂王佛　南无解脫王佛
南无阿蹉弥留王佛　南无如意力釋去佛
南无姓阿提遮佛　南无不讃歎世間勝佛
南无法无涂佛　南无寶星宿解脫王佛
南无白寶勝佛　南无法行自在佛
南无阤羅尼自在佛　南无向難阤聲佛
從此以上九千八百佛十二部經一切賢聖
南无智步王佛　南无弥留平等奮迅王佛
南无智奮迅佛
南无法華通樹提佛
南无多波尼體佛　南无阿尼伽阤路摩勝佛
南无憂多羅寿去佛　南无大智念専佛

南无闍伽提自在一切世間攝佛
南无見无畏佛　南无自畏作佛
南无自在量佛
舍利弗我見南方如是等无量諸佛種
種名種種姓種種佛國土汝等應當至
心一心歸命舍利弗應當歸命西方无
量佛
南无向婆羅炎婆羅華佛
南无摩瓷沙口聲去佛
南无智勝增長稱佛　南无莎湯多波尸佛
南无歌羅毗羅炎華光佛　南无法行燈佛
南无无等等勝佛　南无智奮迅名稱王佛
南无梵聲奮迅妙鼓聲佛
南无波頭摩上利藏根佛

南无无普普勝佛　南无智奮迅名稱王佛
南无梵聲奮迅妙鼓聲佛
南无波頭摩尸利藏眼佛
南无阿僧伽意炎佛　南无千月光明藏佛
南无樂法行佛　南无摩尼婆他光佛
南无師子廣眼佛　南无十力生勝佛
南无智作佛　南无无邊精進降佛
南无一切諸怨佛　南无大勝起法佛
南无阿无荷見佛　南无无邊命佛
南无不利他意佛　南无觀法智佛
南无无㝵精進日善思惟奮迅王佛
南无无見佛　南无智見法佛
南无一切善根種子佛
南无憂多智慧婆行力德佛

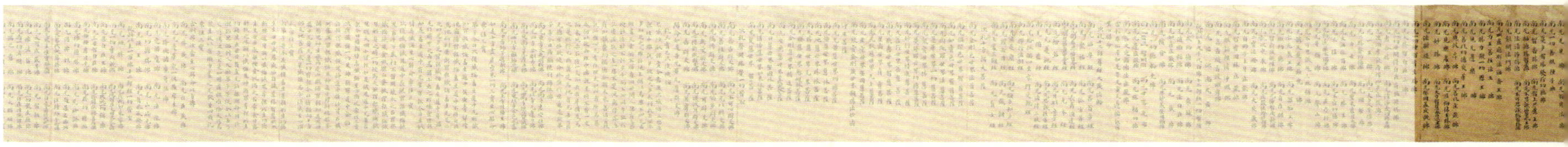

南无智香勝佛　南无智上斤聲王佛
南无福德勝智喜佛　南无不思議法華吼王佛
南无法清淨勝佛　南无不可思議弥留勝佛
南无能開法門佛
南无毗盧遮那法海香王佛
南无力王善住法王佛
南无勝力散一切惡王佛
南无見无邊樂佛
南无善化切德炎華王佛
南无見彼岸佛　南无善化莊嚴佛
南无見樂處佛　南无尼拘律王勝佛
南无妙勝佛　南无大力智慧奮迅王佛
南无法樹提佛　南无堅固蓋成就佛
南无一切種智資生勝佛

南无如[illegible]勝佛　南无大大智慧奮[illegible]王佛
南无法樹提佛　南无堅固蓋成就佛
南无一切種智資生勝佛
南无入勝智自在山佛
南无一切世間得自在有橋梁勝佛
南无盡合勝佛　南无清淨一切德王佛
南无波頭摩散湯撈知多莊嚴佛
南无一王佛　南无大多人安隱佛
南无二勝聲功德佛　南无圓堅佛
南无力士佛　南无寶来磨尼火佛
南无大海彌留佛　南无勝王佛
南无不住佛　南无不空功德佛
南无初遠離不濁王佛　南无虛空行佛
南无无[illegible]佛　南无聲山佛

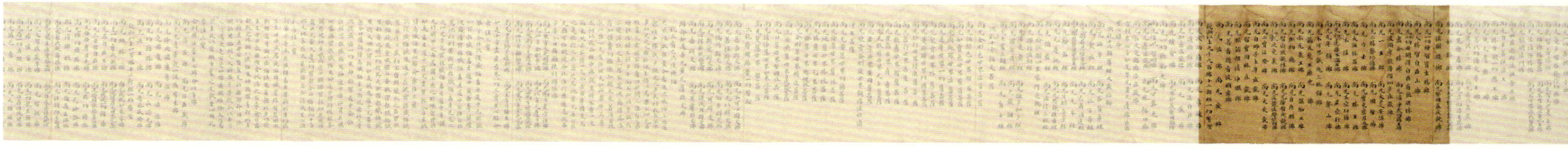

南无不可思議起三昧稱佛

南无諸天梵王雞兜佛

南无亦无義王佛　南无護炶王佛

南无照切德佛　南无自在眼佛

南无智府成就性佛　南无无障智成就佛

南无說決定義佛　南无莊嚴法燈妙稱佛

南无二寶法燈佛　南无大炎藏佛

南无自師子上身莊嚴佛

南无智寶因緣莊嚴佛

南无眼諸根清淨眼佛

南无善香隨香波頭摩佛

南无法佛　南无廣佛

從此以上九千九百佛十二部經一切賢聖

南无[illegible]切德佛　南[illegible]覺佛

南无法佛　南无廣佛
從此以上九千九百佛十二部經一切賢聖
南无弍切德佛　南无常鏡佛
南无隨順稱佛　南无法自在佛
南无如意莊嚴佛　南无藏佛
南无情貪佛　南无思妙義堅固願佛
南无一切德輪光佛
南无法吼智明佛　南无甘露光佛
南无无邊莊嚴佛　南无勝福田佛
南无善决定諸佛法莊嚴佛
舍利弗西方如是等无量无邊佛汝當
至心歸命
次礼十二部尊經大藏法輪
南无治身經　南无菩首章經

南无衆祐經　南无說方等經

南无獨居思惟自念經　南无長者須達經

南无獨思惟意中念生經　南无无本經

南无檀若經　南无月明童子經

南无无憂施經　南无无思議孩童經

南无隋藍經　南无法律三昧經

南无給孤獨四生家門受施經

南无禪行法相經

南无法受塵經　南无頻多和多經

南无羅云母經　南无嚴調經

南无七處三觀經　南无貧女經

次礼十方諸大菩薩

南无金剛色世界法首菩薩

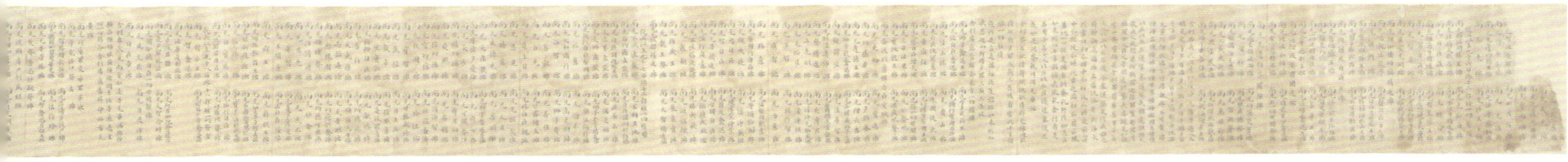

南无金剛色世界法首菩薩
南无頗梨色世界智首菩薩
南无如實色世界賢首菩薩
南无因陁羅世界法慧菩薩
南无蓮華世界一切慧菩薩
南无衆寶世界勝慧菩薩
南无憂鉢羅世界功德慧菩薩
南无妙行世界精進慧菩薩
南无善行世界善慧菩薩
南无歡喜世界智慧菩薩
南无星宿世界真實菩薩
南无无猒慈世界无上慧菩薩
南无虛空世界堅固慧菩薩

南无衆寶金剛藏世界觀勝法妙清
淨王菩薩
南无无量慧世界功德菩薩
南无幢慧世界慧林菩薩
南无地慧世界勝林菩薩
南无勝慧世界无畏菩薩
南无燈慧世界慚愧林菩薩
南无金剛慧世界精進菩薩
南无安樂慧世界力成就林菩薩
南无日慧世界堅固林菩薩
南无清淨慧世界如來林菩薩
南无梵慧世界智林菩薩
次礼聲聞緣覺一切賢聖

南无梵慧世界　智林菩薩

次礼聲聞緣覺一切賢聖

南无善吉辟支佛　　南无不可心辟支佛

南无善住辟支佛　　南无无比辟支佛

南无憍慢辟支佛　　南无幼多辟支佛

南无斷愛辟支佛　　南无耳辟支佛

南无心得解脫辟支佛　　南无優波耳辟支佛

南无吉辟支佛　　南无善摩辟支佛

歸命如是等无量无邊辟支佛

礼三寶已次復懺悔

已懺地獄報竟今當復次懺悔三惡道

報經中佛說多欲之人多求利故苦惱亦

多知足之人雖卧地上猶以為樂不知足者

雖處天堂猶不稱意旦世間人忽有急難

便斛揩財不計多少而不知此身臥於
三塗深坑之上一息不還便應墮落忽
有知識勸營功福德令脩未来善法資粮
執此慳心无肯作理夫如此者擬為愚
惑何以故尒經中佛說生時不賚一文
而来死亦不持一文而去苦身積聚為
之憂惱於已無益徒為他有无善可恃
无德可怙致使命終墮於惡道是故弟
子等今日稽顙堪到歸依佛
南无東方大光明曜佛　南无南方虛空住佛
南无西方金剛步佛　南无北方无邊力佛
南无東南方无邊王佛　南无西南方壞諸怨賊佛
南无西北方離垢光佛　南无東北方金色光龕佛
南无下方師子遊戲佛　南无上方月幢王佛

南无西北方離垢光佛　南无東北方金色光佛
南无下方師子遊戲佛　南无上方月幢王佛
如是十方盡虚空界一切三寶至心歸命
常住三寶
弟子今日次復懺悔畜生道中无所識
知罪報懺悔畜生道中負重牽犁償
他宿債罪報懺悔畜生道中不得自在
爲他所刺屠割罪報懺悔畜生无足二
足四足多足罪報懺悔畜生道中身諸
毛羽鱗甲之内爲諸小虫之所唼食罪報
如是畜生道中有无量罪報今日至誠
皆悲懺悔至心歸命常住三寶
次復懺悔餓鬼道中長飢罪報懺悔

鬼百千万歲初不曾聞漿水之名罪報
懺悔餓鬼食噉膿血糞穢罪報懺悔餓
鬼動身之時一切枝節火然罪報懺悔餓
鬼腹大咽小罪報如是餓鬼道中无量苦
報今日稽顙皆悉懺悔至心頂礼常住三寶
次復懺悔一切鬼神脩羅道中諂
誑稱罪報懺悔鬼神道中擔沙負石填
河塞海罪報懺悔鬼神道中羅刹鳩槃荼
諸惡鬼神生噉血肉受此醜陋罪報如是鬼神
道中无量无邊一切罪報今日稽顙向十方
佛大地菩薩求哀懺悔悉令消滅至心頂
礼常住三寶
願弟子等承是懺悔畜生等報所生功德
生生世世滅愚癡垢自識業緣智慧明了

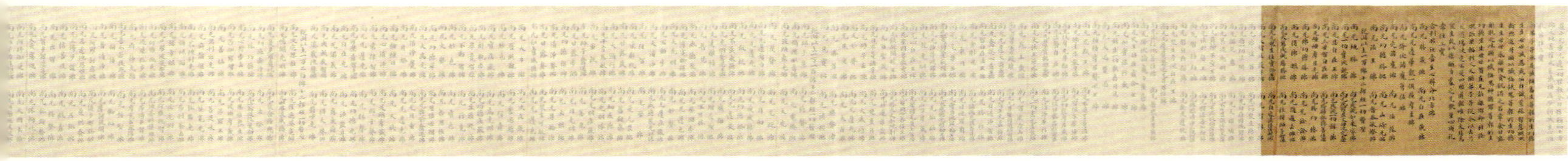

弟子等承是懺悔畜生等報所生功德
生生世世滅愚癡垢自識業緣智慧明照
斷惡道身願以懺悔餓鬼等報所生功德
生生世世永離慳貪飢渴之苦常食甘露
解脫之味願以懺悔鬼神脩羅等報所生
功德生生世世質直无諂離耶命曰除
醜陋果福利人天願弟子等從今以去乃
至道場決定不受四惡道報唯除大悲爲
衆生故以誓願力處之无猒至心頂礼
常住三寶
舍利弗汝當至心歸命北方佛
南无勝藏佛　南无自在藏佛
南无无邊華龍一俱蘓摩生佛
南无降伏諸魔勇猛佛

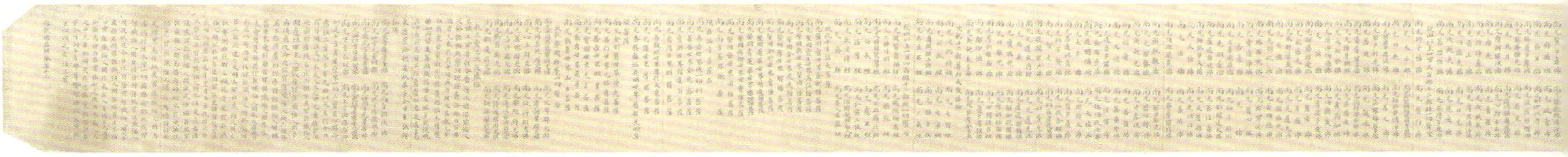

南无定諸魔佛　南无法像佛
南无功德勝佛　南无山峰光佛
南无法王佛　南无普恭敬燈佛
從此以上一万佛十二部經一切賢聖
南无地勝佛　南无成就如來家佛
南无一切寶成就佛　南无陁羅尼文句決定義佛
南无忍自在王佛　南无成就一切稱佛
南无三世智自在佛　南无勝歸依德善住佛
南无種種摩尼光佛　南无勝功德佛
南无佛功德勝佛　南无无餘證佛
南无得佛眼佛　南无隨過去佛佛
南无大慈成就悲勝佛　南无住持師子智佛
南无无衆生住實際王佛　南无自家法得成就佛

南无无衆生住實際王佛　南无自家法得成就佛
南无大智莊嚴身佛　南无智稱佛
南无佛法首佛　南无一切衆生德佛
南无過一切法聞佛　南无自在因陁羅佛
南无滿足意佛　南无大瑠璃佛
南无菩提光明佛　南无不可思議法智光明佛
南无真檀不空王佛　南无不染波頭摩幢佛
南无法財聲王佛　南无釋法善知稱佛
南无智顗劫佛　南无佛眼清淨分陁利佛
南无智自在稱佛　南无斷无邊疑佛
南无衆生方便自在王佛
南无无邊覺奮迅无尋思惟佛
南无法行地善住佛　南无普衆生男廣佛
南无齊大諸魔力堅意佛

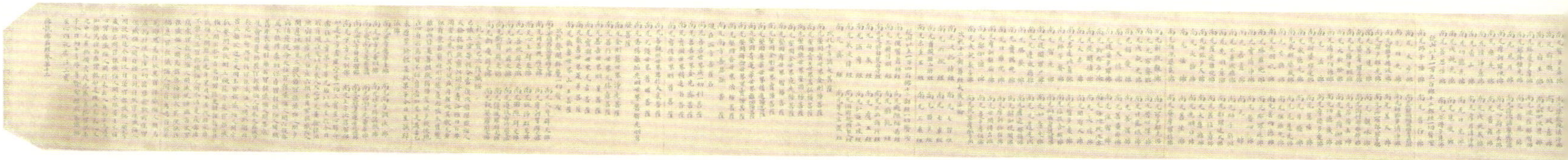

南无天王自在寶合王佛
南无如寶脩行藏佛
南无能生一切歡喜月見佛
南无大迅覺迅佛
南无種種摩尼聲吼王佛
南无无歡王佛　南无不退了勇猛佛
南无佛土莊嚴身佛　南无智根本華幢佛
南无化身无㝵稱佛　南无一切龍摩尼藏佛
南无法聲自在佛　南无法甘露莎梨羅佛
南无无邊寶福德藏佛　南无清淨華行佛
南无大法王華勝佛　南无一切盡无盡藏佛
南无花山藏佛　南无智虛空山佛
南无智力不可破壞佛　南无无㝵堅固隨順智佛

南无智力不可破壞佛
南无无㝵堅固隨順智佛
南无无邊大海藏佛
南无智王无盡稱佛
南无奮迅心意王佛
南无自清浄智佛
南无智自在法王佛
南无勝行佛
南无金剛見佛
南无法滿足隨香見佛
南无龍月佛
南无目阤羅圍佛
南无无㝵王佛
南无寶目阤羅輪王佛
南无能生一切衆生敬稱佛
南无火威德光明輪王佛
南无无障㝵波羅佛
南无无垢語佛
南无放光明佛
南无山力月藏佛
南无心自在王佛
南无堅固无畏上首佛
南无堅固勇猛寶佛
南无堅固心善住王佛
南无能破闇嚧王佛
南无勝大夫分阤利佛
南无百聖藏佛
南无妙蓮華藏佛

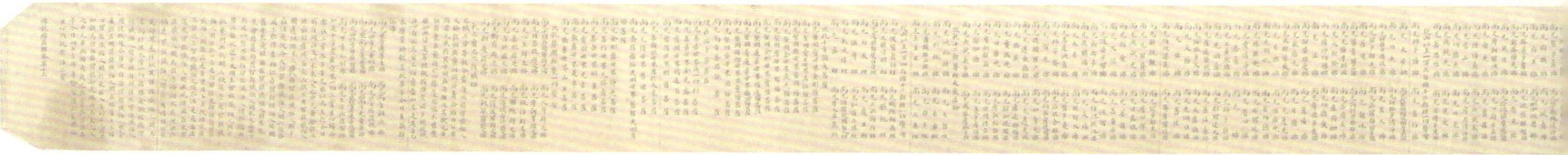

南无見平等法身佛　南无衆生月佛
南无師子去佛　南无大威德佛
南无妙聲佛　南无无邊光佛
南无見愛佛　南无大首佛
南无勝首佛　南无樂聲佛
南无見寶佛　南无清稱佛
從此以上一万一百佛十二部經一切賢聖
南无師子慧佛　南无德聲佛
南无脩樓毗香佛　南无電燈佛
南无波頭摩光佛　南无大光佛
南无梵聲佛　南无无疑佛
南无无邊勢力佛　南无月面佛
南无无邊光佛　南无愛威德佛

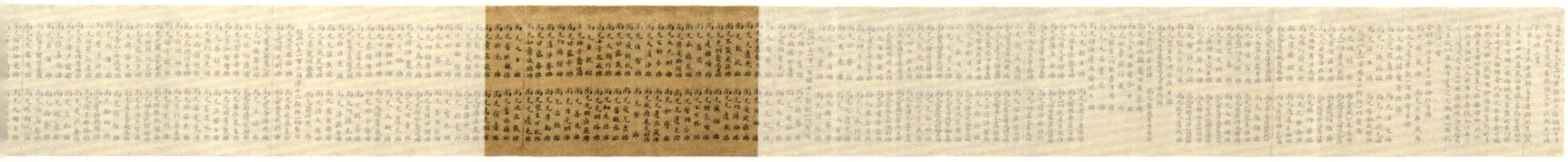

南无无邊勢力佛
南无无邊光佛
南无散疑佛
南无不藏威德佛
南无光明奮迅王佛
南无遠離憧佛
南无普見佛
南无威德聚佛
南无摩瓷睒稱佛
南无大光明佛
南无不動步佛
南无大清淨佛
南无住智佛
南无愛解脫佛

南无月面佛
南无愛威德佛
南无功德燈佛
南无无邊藏佛
南无廣稱佛
南无增長聖佛
南无不可勝佛
南无堅固步佛
南无无邊色佛
南无妙聲佛
南无无邊莊嚴佛
南无威德聚光明佛
南无堅佛
南无愛无畏佛

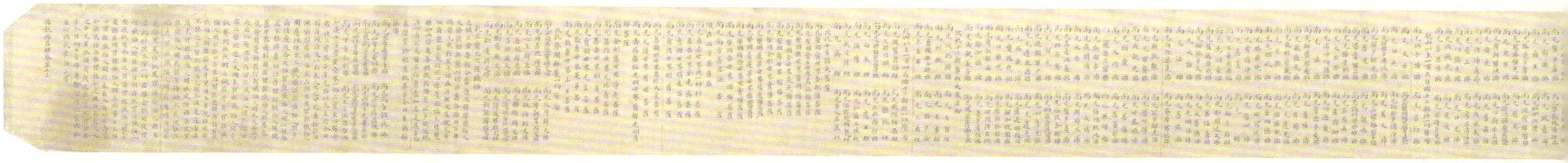

南无甘露藏佛　南无普觀察佛
南无大脩行佛　南无細威德佛
南无十方恭敬佛　南无光明勝佛
南无重說佛　南无光明莊嚴佛
南无師子奮迅佛　南无善見佛
南无甘露步佛　南无月光明佛
南无功德稱佛　南无去根佛
南无清淨聲佛　南无无畏輪佛
南无甘露聲佛　南无眾生可敬佛
南无如意威德佛　南无无邊色佛
南无大力佛　南无決莊嚴佛
南无普照觀佛　南无奮迅德佛
南无妙色佛　南无稱意佛
南无寶莊嚴佛　南无[illegible]光明佛

南无妙色佛　南无稱意佛
南无寶莊嚴佛　南无高光明佛
南无解脫步佛　南无功德莊嚴佛
南无畢竟智佛　南无生雞兜佛
南无不動智佛　南无行竟佛
南无妙色佛　南无寶色佛
南无火聲佛　南无善思惟佛
南无功德華佛　南无思惟世間佛
南无大高光佛　南无无譬喻奮迅佛
南无清淨覺佛　南无无月重佛
南无月燈佛　南无无邊光佛
南无種種日佛　南无天城佛
南无心清淨佛　南无波頭摩藏佛
南无常擇智佛　南无師子聲佛

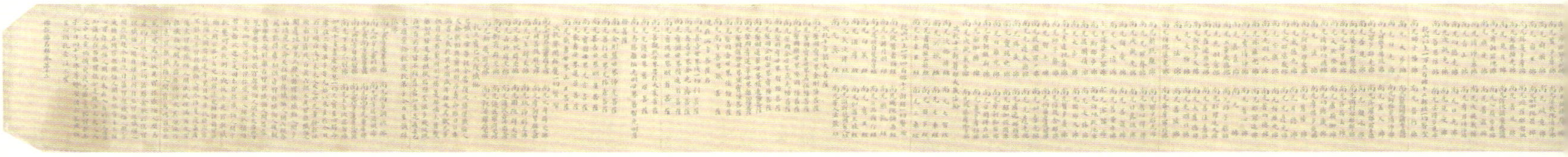

南无无邊光佛　南无勝聲佛
南无可樂意智光佛　南无功德光佛
南无自在光佛　南无淨嚴身佛
南无无獨義佛　南无應威德佛
南无成就義智佛　南无得大聲佛
南无婆數陀聲佛　南无讚吻光佛
從此以上一万二百佛十二部經一切賢聖
南无決定思惟佛　南无薩遮婆光佛
南无鳴闍光明佛　南无毗弗波威德佛
南无亘憂多羅魔吒佛　南无夜舍雞兜佛
南无功德清淨佛　南无法燈佛
南无勝功德佛　南无仙荷波提愛面佛
南无心荷步去佛　南无思惟衆生佛
南无[illegible]加羅[illegible]佛　南无[illegible]

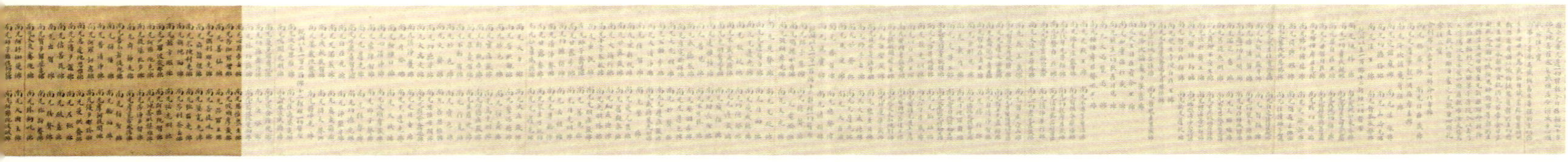

南无心荷步去佛
南无莎伽羅智佛
南无善仙佛
南无脩利耶光佛
南无寂諸根佛
南无荼陁利光佛
南无旃陁面佛
南无諸方眼佛
南无尸羅波散那佛
南无阿難陁色佛
南无提婆弥多佛
南无寂静光佛
南无善尒若提陁佛
南无稱幢佛

南无思惟衆生佛
南无波頭摩藏佛
南无莎羅王佛
南无菩提味佛
南无婆寃光佛
南无弥留光佛
南无莎利荼去佛
南无法光明佛
南无阿難陁智佛
南无地荼毗梨耶佛
南无莎湯多智佛
南无摩寃舍威德佛
南无稱聖佛
南无喻面佛

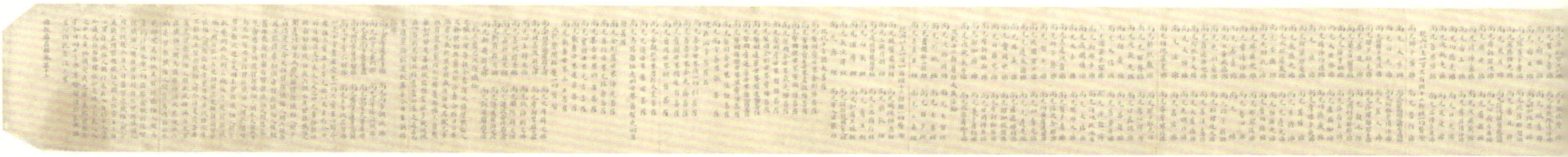

南无普清净佛　南无摩訶提闍佛
南无阿羅訶應佛　南无優多耶勝佛
南无悲達他思惟佛　南无愛供養佛
南无三湯多讙佛　南无尼弥佛
南无信菩提佛　南无破意佛
南无出智佛　南无勝聲佛
南无質多羅婆菟佛　南无弥荷聲佛
南无大炎騫陁佛　南无勝拘吒佛
南无阿舒伽愛佛　南无天國土佛
南无師子難提拘絺佛　南无阿難陁波破佛
南无見愛佛　南无波提波王佛
南无勝雞兜佛　南无方聞聲佛
南无愛眼佛　南无旃陁雞兜佛
南[illegible]　南[illegible]

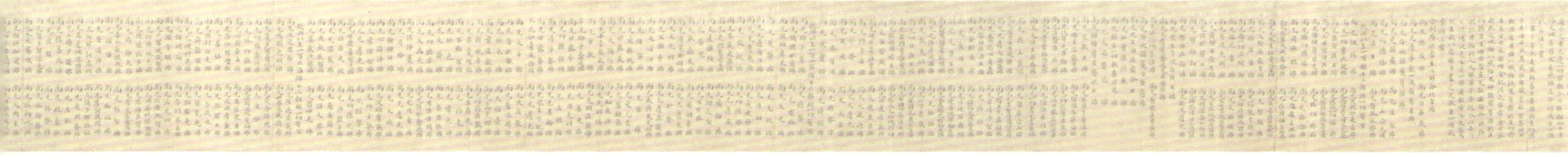

南无愛眼佛
南无旃陁雞兜佛
南无阿婆夜達多佛
南无那刹多王佛
南无蕪摩提婆佛
南无日光明佛
南无大稱佛
南无真聲佛
南无説愛佛
南无稱憂多羅佛
南无摩頭羅光明佛
南无脩佉聲佛
南无質多意佛
南无婆藪陁清淨佛
南无寂瞋佛
南无破意佛
南无宿王佛
南无毗伽陁畏佛
南无勝憂多摩佛
南无波薩那智佛
南无慈勝種光佛
南无普見佛
南无見月佛
南无降伏諸魔威德佛
南无摩訶羅他佛
南无心荷步去佛
南无樂光佛
南无普護佛

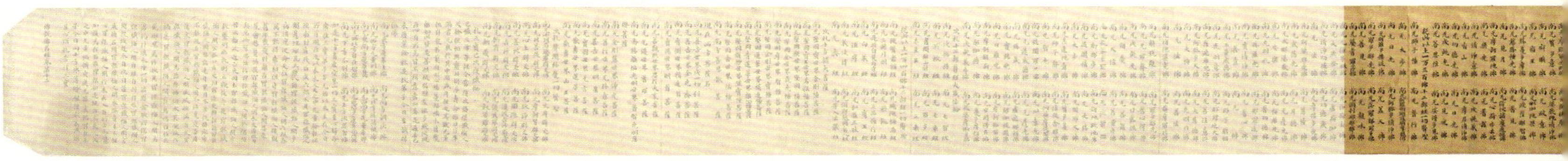

南无清淨意佛　南无成就義佛
南无香山佛　南无摩尼清淨佛
南无功德光佛　南无日光佛
南无成就光佛　南无見愛佛
南无善思惟佛　南无娑婆多見佛
從此以上一万三百佛十二部經一切賢聖
南无師子幢佛　南无普行佛
南无大步佛　南无阿羅頻頭波頭摩眼佛
南无日光佛　南无阿弥多清淨佛
南无阿難多樓波佛　南无蓋天佛
南无羅多那光佛　南无莎羅梯羅多佛
南无善見佛　南无親味佛
南无婆耆羅莎佛　南无脩利耶那那佛

南无婆耆羅沙佛　南无脩利耶那那佛
南无无障㝵眼佛　南无莎荷去佛
南无大然燈佛　南无盧荷伽佛
南无清淨功德佛　南无功德藏佛
南无　法　佛　南无摩樓多愛佛
南无阿婆耶愛佛　南无慧幢佛
南无威德光佛　南无月德佛
南无求那婆藪佛　南无无邊光佛
南无安樂佛　南无稱雞兜佛
南无光明吼佛　南无普功德佛
南无勝雞兜佛　南无那羅延佛
南无寶清淨佛　南无普心佛
南无善意佛　南无　　佛
南无不量威德佛　南无師子幸

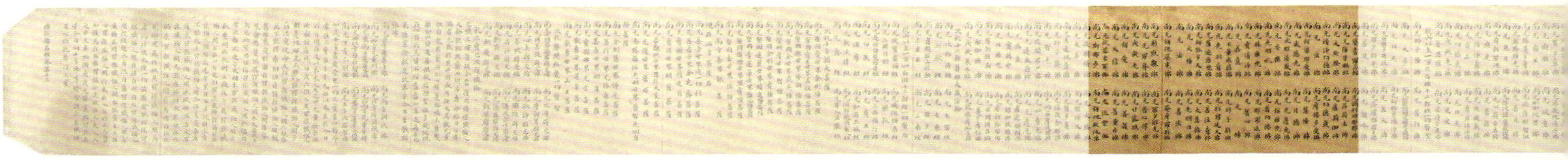

南无光明意佛
南无那羅延天佛
南无蘆遮雞兜佛
南无善住意佛
南无阿弥多天佛
南无大慧德佛
南无大幢佛
南无光明日佛
南无法佛
南无善法佛
南无旃陁婆尭佛
南无菴摩羅勝佛
南无解脫觀佛
南无羅多那光佛
南无无羅聲佛
南无普心擇佛
南无戌訧光佛
南无甘露眼佛
南无稱愛佛
南无善護佛
南无天信佛
南无善量步佛
南无提婆多羅佛
南无深智佛
南无斯那步佛
南无旃陁跋陁佛

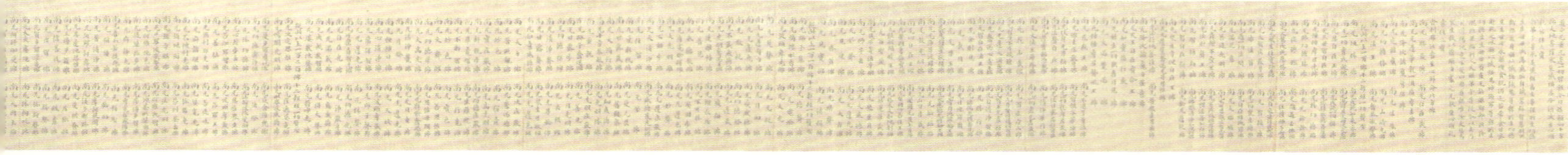

南无斯那步佛
南无旃陀跋陀佛
南无提闍積佛
南无大勝佛
南无大步佛
南无闍耶天佛
南无悲達他意佛
南无質多憂佛
南无師子聲佛
南无信提舍那佛
南无智光佛
南无拘蘇摩提闍佛
南无提闍羅尸佛
南无如意光佛
南无无邊威德佛
南无无邊光佛
南无勝藏佛
南无盧遮那稱佛
南无寶鷄兜佛
南无郁伽提闍佛
南无日雞兜佛
南无摩訶弥留佛
南无摩訶馥椅佛
南无世間得名佛
南无郁伽德佛
南无憂多摩稱佛
南无成就義步佛
南无提婆孳溢多佛

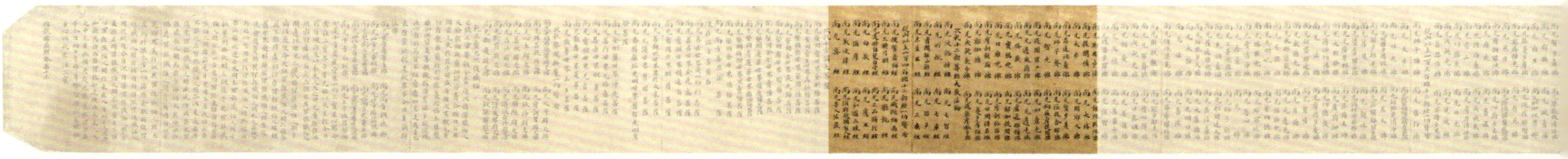

次礼十二部尊經大藏法輪

南无決捴持經　南无七智經

南无所祇經　南无七車經

南无耆闍掘山解經　南无留多經

南无未生王經　南无三乘經

從此以上一万四百佛十二部經一切賢聖

南无便賢者旃經　南无颰陁悔過經

南无三轉月明經　南无聽施經

南无是時自梵自守經　南无三品脩行經

南无句義經　南无鷹王經

南无須摩經　南无知道三昧經

南无義決律經　南无須耶越國貪人經

南无齋經　南无等入法嚴經

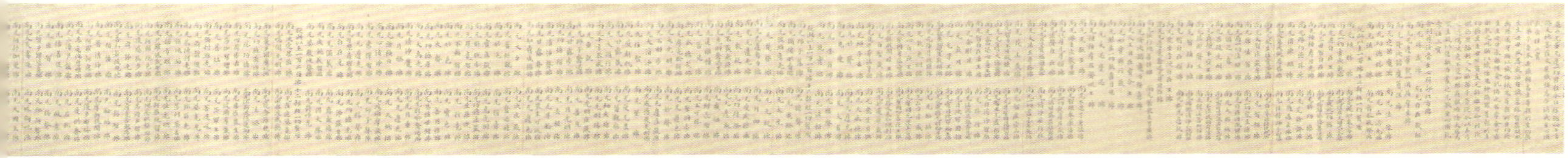

南无義决律經　南无須耶越國貧人經
南无齊經　南无等入法嚴經
次礼十方諸大菩薩
南无堅固寶世界金剛幢菩薩
南无堅固寶王世界孟猛幢菩薩
南无堅固樂世界堅固幢菩薩
南无堅固金世界夜光幢菩薩
南无堅固摩世界智幢菩薩
南无堅固金剛世界寶幢菩薩
南无堅固蓮華世界精進幢菩薩
南无堅固青蓮華世界離垢幢菩薩
南无堅固旃檀世界宜寶幢菩薩
南无堅固香世界法幢菩薩
南无南方善思議菩薩

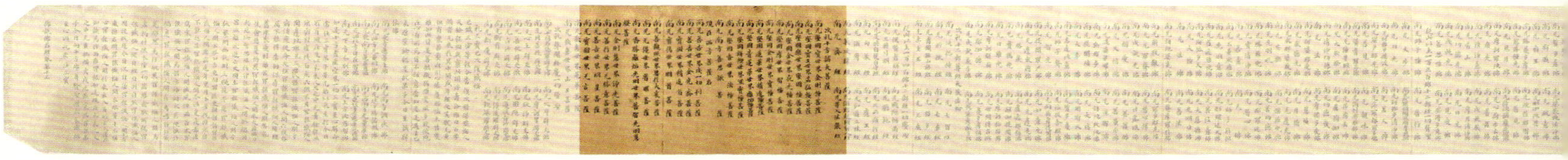

現在西方菩薩名
南无善吉世界成一切利菩薩
南无善吉世界金光齊菩薩
南无寶樹世界精進首菩薩
南无寶揚世界明首菩薩
南无善觀照世界思於大哀菩薩
南无无優世界普曜菩薩
南无香勝離垢光明世界普智光明慧
燈菩薩
南无金剛慧世界淨光菩薩
南无善行世界无勝意菩薩
南无善吉世界明星菩薩
南无寶樹世界无言菩薩

BD00101　佛名經（十六卷本）卷一三

南无[illegible]菩薩
南无寶樹世界无言菩薩
南无歡喜世界蓮華菩薩
南无歡喜世界山王菩薩
次礼聲聞緣覺一切賢聖
南无十同名婆羅辟支佛　南无火身辟支佛
南无目菩提辟支佛　南无摩訶男辟支佛
南无心上辟支佛　南无燄淨辟支佛
南无善快辟支佛　南无圍陁辟支佛
南无吉沙辟支佛　南无優波吉沙辟支佛
南无斷有辟支佛　南无優波羅辟支佛
南无斷愛辟支佛　南无施婆羅辟支佛
礼三寶已次復懺悔
已懺三塗等報今當復次[illegible][illegible]懺悔人

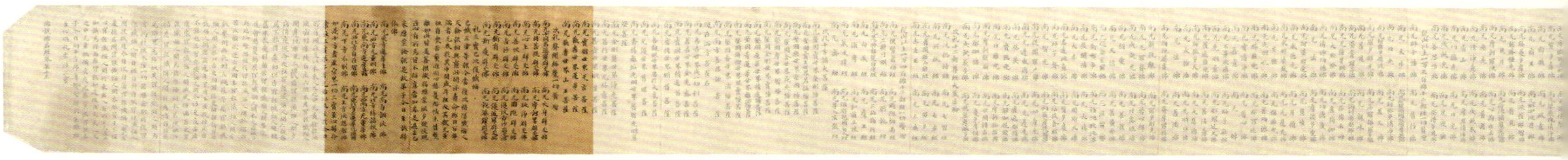

天餘報柜與禀此閻浮壽命雖日百年
滿者无幾於其中間或年在夭其數无量
但有衆苦煎迫形心愁憂怨怯未曾蹔
離如此皆是善根微弱惡業滋多致使現
在心有所爲皆不稱意當知悉是過去已
來惡業餘報是故弟子今日至誠歸
依佛
南无東方蓮華上佛　南无南方調伏佛
南无西方无量明佛　南无北方勝諸根佛
南无東南方蓮華藏佛　南无西南方无量華佛
南无西北方自在智佛　南无東北方赤蓮華花德佛
南无下方分別佛　南无上方伏怨智佛
如是十方盡虛空界一切三寶至心歸命

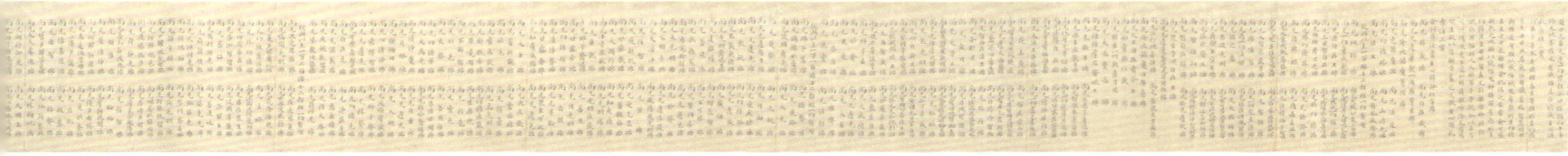

南无一[illegible]佛　南无[illegible]佛[illegible]佛
如是十方盡虛空界一切三寶至心歸命
常住三寶弟子等无始以来至於今日
所有現在及以未来人天之中无量餘報流
殃宿對癃殘百疾六根不具罪報懺悔人
間邊地耶見三惡八難罪報懺悔人間多
病消瘦促命夭枉罪報懺悔人間六親眷
屬不能得常相保守罪報懺悔人間親
舊彫喪愛別離苦罪報懺悔人間怨家
聚會愁憂怖畏罪報懺悔人間水火盜賊刀
兵危嶮驚恐怯弱罪報懺悔人間孤獨困
苦流離波迸亡失國土罪報懺悔人間牢
獄繫閉幽執側立鞭撻考楚罪報懺
悔人間公私口舌更相羅染更相誣謗罪報

懺悔人間惡病連年累月不差抗臥床蓆
不能起居罪報懺悔人間冬温夏疫毒厲
傷寒罪報懺悔人間賊風腫滿否寒罪
報懺悔人間為諸惡神伺求其便欲作
禍崇罪報懺悔人間有鳥鳴百恠飛
屍耶鬼為作妖異罪報懺悔人間為
虎豹豺狼水陸一切諸惡禽獸所傷罪
報懺悔人間自經自刺自煞罪報懺悔人
間投坑赴水自沉自墜罪報懺悔人間无有
威德名聞罪報懺悔人間衣服資生不稱
心罪報懺悔人間行来出入有所去為值惡
知識為作留難罪報如是現在未来人天
之中无量禍撗災疫厄難衰惱罪報第
十八南无十方佛尊法聖僧[illegible][illegible]懺悔

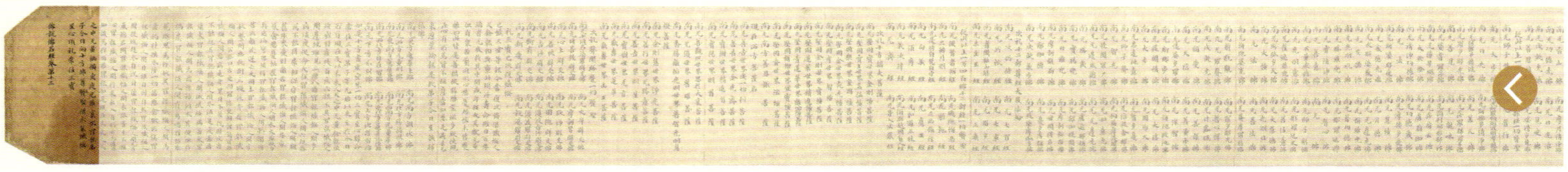

之中无量禍横灾疫厄難衰惱罪報弟
子今日向十方佛尊法賢聖僧求哀懺悔
至心頂礼常住三寶

佛說佛名經卷第十三

# BD00102　維摩詰所說經卷下

（後秦）鳩摩羅什　譯

726cm × 26.5cm

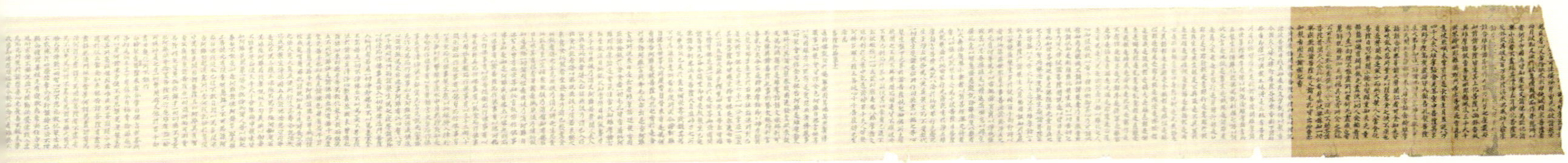

佛……欲見維摩詰等諸
……佛言可往攝汝身香无令彼諸衆生
起惑著心又當捨汝本形勿使彼國求菩薩者
而自彼耻又汝於彼莫懷輕賤而作㝵想所以
者何十方國土皆如虛空又諸佛為欲化諸
樂小法者不盡現其清淨土耳時化菩薩既
受鉢飯與彼九百万菩薩俱承佛威神及維摩
詰力……之間至維
詰舍維摩詰即化作九百万師子之座嚴好
如前諸菩薩皆坐其上化菩薩以滿鉢香飯
與維摩詰飯香普熏毗耶離城及三千大千
世界時毗耶離婆羅門居士等聞是香氣身
意快然歎未曾有於是長者主月蓋從八万
四千人來入維摩詰舍見其室中菩薩甚多

諸師子座高廣嚴好皆大歡喜禮衆菩薩及大弟子却住一面諸地神虛空神及欲色界諸天聞此香氣亦皆來入維摩詰舍時維摩詰語舍利弗等諸大聲聞仁者可食如來甘露味飯大悲所薰无以限意食之使不消也有是聲聞念是飯少而此大衆人人當食化菩薩曰勿以聲聞小德小智稱量如來无量福慧四海有竭此飯无盡使一切人食揣若須弥乃至一劫猶不能盡所以者何无盡戒定智慧解脫解脫知見功德具足者所食之餘終不可盡於是鉢飯悉飽衆會猶尚不賜其諸菩薩聲聞天人食此飯者身安快樂譬如一切樂莊嚴國諸菩薩也又諸毛孔皆出妙香亦如衆香國土諸樹之香

如衆香國土諸樹之香
尒時維摩詰問衆香菩薩香積如来以何說
法彼菩薩曰我土如来无文字說但以衆香
令諸天人得入律行菩薩各各坐香樹下聞斯
妙香即獲一切德藏三昧得是三昧者菩薩
所有功德皆悉具足彼諸菩薩問維摩詰
今世尊釋迦牟尼佛以何說法維摩詰言此
土衆生剛强難化故佛為說剛强之語以調
伏之言是地獄是畜生是餓鬼是諸難處
是愚人生處是身邪行是身邪行報是口
邪行是口邪行報是意邪行是意邪行報
是煞生是煞生報是不與取是不與取報
是邪婬是邪婬報是妄語是妄語報是兩
舌是兩舌報是惡口是惡口報是无義語是

无義語報是貪嫉是貪嫉報是瞋惱是瞋
惱報是耶見是耶見報是慳悋是慳悋報
是毀戒是毀戒報是瞋恚是瞋恚報是懈
怠是懈怠報是亂意是亂意報是愚癡是
愚癡報是結戒是持戒是犯戒是應作是
不應作是鄣㝵是不鄣㝵是得罪是離罪
是淨是垢是有漏是无漏是耶道是正道
是有為是无為是世間是涅槃以難化之人
心如猨猴故以若干種法制御其心乃可調伏
譬如為馬𢤱悷不調加諸楚毒乃至徹骨然
後調伏如是剛彊難化衆生故以一切苦切之
言乃可入律彼諸菩薩聞說是以皆曰未曾
有也如世尊釋迦牟尼佛隱其无量自在之
之力乃以貧所樂法度脫衆生斯諸菩薩亦

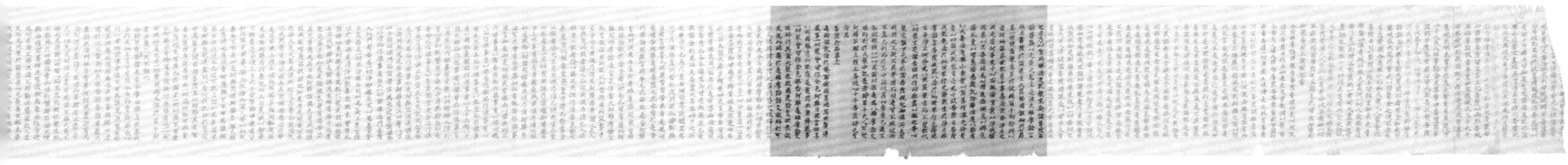

之力乃以貧所樂法度脫衆生斯諸菩薩亦
能勞謙以无量大悲生是佛土維摩詰言
此土菩薩於諸衆生大悲堅固誠如所言然
其一世饒益衆生多於彼國百千劫行所以
者何此娑婆世界有十事善法諸餘淨土之
所无有何等爲十以布施攝貧窮以淨戒攝
毀禁以忍辱攝瞋恚以精進攝懈怠以禪定
攝乱意以智慧攝愚癡說除難法度八難者
以大乘法度樂小乘者以諸善根濟无得者
常以四攝成就衆生是爲十彼菩薩曰菩薩
成就幾法於此世界行无瘡疣生於淨土維
摩詰言菩薩成就八法於此世界行无瘡疣
生于淨土何等爲八饒益衆生而不望報代
一切衆生受諸苦惱所作功德盡以施之等心

衆生謙下无㝵於諸菩薩視之如佛所未聞
經聞之不疑不與聲聞而相違背不嫉彼供
不高己利而於其中調伏其心常省己過不
訟彼短恒以一心求諸功德是為八維摩詰文
殊師利於大衆中說是法時百千天人皆發
阿耨多羅三藐三菩提心十千菩薩得无生
法忍

菩薩行品第十一

是時佛說法於菴羅樹園其地忽然廣博
嚴事一切衆會皆作金色阿難白佛言世尊
以何因緣有此瑞應是處忽然廣博嚴事
一切衆會皆作金色佛告阿難是維摩詰文
殊師利與諸大衆恭敬圍遶發意欲來故
先為此瑞應於是維摩詰語文殊師利可

先為此瑞應於是維摩詰語文殊師利可
共見佛與諸菩薩礼事供養文殊師利言
善哉行矣今正是時維摩詰即以神力持諸
大衆并師子座置於右掌往詣佛所到已
着地稽首佛足右遶七帀一心合掌在一面立
其諸菩薩即皆避坐稽首佛足亦遶七帀
於一面立諸大弟子釋梵四天王等亦皆避
坐稽首佛足在一面立於是世尊如法慰問
諸菩薩已各令復坐即皆受教衆坐已定
佛語舍利弗汝見菩薩大自在神力之所
為乎唯然已見於意云何世尊我覩其為
不可思議非意所圖非度所測尒時阿難
白佛言世尊今所聞香自昔未有是為何
香佛告阿難是彼菩薩毛孔之香於是舍

利弗語阿難言我等毛孔亦出是香阿難
言此所從来日是長者維摩詰從衆香國
取佛餘飯於舍食者一切毛孔皆香若此阿
難問維摩詰是香氣住當久如維摩詰言
此至飯消日此飯久如當消日此飯勢力
至于七日然後乃消又阿難若聲聞人未入
正位食此飯者得入正位然後乃消已入正
位食此飯者得心解脱然後乃消若未發大
乘意食此飯者至發意乃消已發意食
此飯者得无生忍然後乃消已得无生忍食
此飯者至一生補處然後乃消譬如有藥名
日上味其有服者身諸毒滅然後乃消此飯
如是滅除一切諸煩惱毒然後乃消阿難白
佛言未曾有也世尊如此香飯能作佛事

佛言未曾有也世尊如此香飯能作佛事
佛言如是如是阿難或有佛土以佛光明而
作佛事有以諸菩薩而作佛事有以佛所化
人而作佛事有以佛菩提樹而作佛事有以
佛衣服卧具而作佛事有以飯食而作佛事
有以園林臺觀而作佛事有以三十二相八十
隨形好而作佛事有以佛身而作佛事有
以虛空而作佛事衆生應以此緣得入律行
有以夢幻影響鏡中像水中月熱時炎如是
等喻而作佛事有以音聲語言文字而作佛
事或有清淨佛土寂寞无言无說无示无識
无作无為而作佛事如是阿難諸佛威儀進
止諸所施為无非佛事阿難有此四魔八万
四千諸煩惱門而諸衆生為之疲勞諸佛即

以此法而作佛事是名入一切諸佛法門菩薩
入此門者若見一切淨妙佛土不以為喜不貪
不高若見一切不淨佛土不以為憂不㝵不沒
但扵諸佛生清淨心歡喜恭敬未曾有也
諸佛如來功德平等為教化衆生故而現佛
土不同阿難汝見諸佛國土地有若干而虛
空无若干也如是見諸佛色身有若干耳
其无㝵慧无若干也阿難諸佛色身威相種
性戒定智慧解脫解脫知見力无所畏不共
之法大慈大悲威儀所行及其壽命說法教
化成就衆生淨佛國土具諸佛法悉皆同等
是故名為三藐三佛陁名為多陁阿伽度名
為佛陁阿難若我廣說此三句義汝以劫壽
不能盡受正使三千大千世界滿中衆生皆

不能盡受正使三千大千世界滿中衆生皆
如阿難多聞第一得念摠持此諸人等以劫之
壽亦不能受如是阿難諸佛阿耨多羅三藐
三菩提无有限量智慧辯才不可思議阿
難白佛我從今已往不敢自謂以爲多聞佛
告阿難勿起退意所以者何我説汝於聲聞
中爲最多聞非謂菩薩且止阿難其有智
者不應限度諸菩薩也一切海淵尚可測量
菩薩禪定智慧摠持辯才一切功德不可量
也阿難汝等捨置菩薩所行是維摩詰一時
所現神通之力一切聲聞辟支佛於百千劫
盡力變化所不能作
尒時衆香世界菩薩来者合掌白佛言世尊我
等初見此土生下劣想今自悔責捨離是心

所以者何諸佛方便不可思議爲度衆生故
隨其所應現佛國異唯然世尊願賜少法
還於彼土當念如來佛告諸菩薩有盡无
盡解脫法門汝等當學何謂爲盡謂有爲
法何謂无盡謂无爲法如菩薩者不盡有
爲不住无爲何謂不盡有爲謂不離大慈不
捨大悲深發一切智心而不忽忘教化衆生終
不猒惓於四攝法常念順行護持正法不惜
軀命種諸善根无有疲猒志常安住方便
迴向求法不懈說法不悋勤供養佛故入生
死而无所畏於諸榮辱心无憂喜不輕未學
敬學如佛墮煩惱者令發正念於遠離樂不
以爲貴不著己樂慶於彼樂在諸禪定如地
獄想於生死中如園觀想見來求者爲善

獄想於生死中如園觀想見來求者爲善
師想捨諸所有具一切智想見毀戒人起救護
想諸波羅蜜爲父母想道品法爲眷屬想殖
衆德本而无猒足以諸淨國嚴飾之事佛土
行不限施具足相好除一切惡淨身口意業故
生死无數劫意而有勇聞佛无量德志而不
惓以智慧劒破煩惱賊出陰界入荷負衆生
永使解脫以大精進摧伏魔軍常求无念實
相智慧於世間法少欲知足於出世間法求
之无猒不壞威儀而能隨俗起神通慧引導
衆生得念摠持所聞不忘善別諸根斷衆生
疑以樂説辯演法无㝵淨十善道受天人福
脩四无量開梵天道勸請説法隨喜讚善得
佛音聲身口意善得佛威儀深脩善法所行

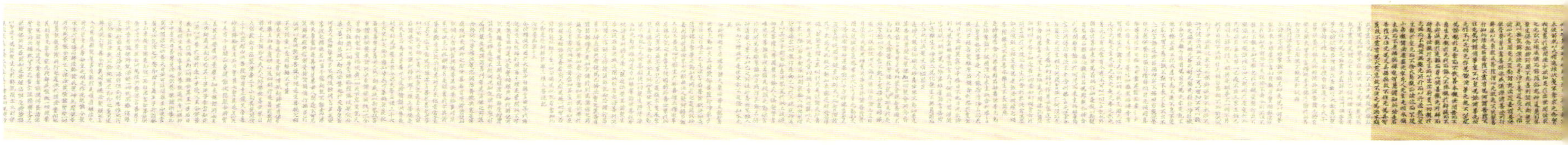

轉勝以大乘教成菩薩僧心无放逸不失衆善
行如此法是名菩薩不盡有為何謂菩薩不
住无為何謂脩學空不以空為證脩學无相
无作不以无相无作為證脩學无起不以无起
為證觀於无常而不猒善本觀世間苦而不
惡生死觀於无我而誨人不惓觀於寂滅而不
永寂滅觀於遠離而身心脩善觀无所歸而
歸趣善法觀於无生而以生法荷負一切觀於
无漏而不斷諸漏觀无所行而以行法教化衆
生觀於空无而不捨大悲觀正法位而不隨
小乘觀諸法虛妄无牢无人无主无相本願
未滿而不虛福德禪定智慧脩如此法是名
菩薩不住无為又具福德故不住无為具智
慧故不盡有為大慈悲故不住无為滿本願

慧故不盡有為大慈悲故不住无為滿本願
故不盡有為集法藥故不住无為隨授藥故
不盡有為知衆生病故不住无為滅衆生病
故不盡有為諸正士菩薩已脩此法不盡有
為不住无為是名盡无盡解脫法門汝等當
學尒時彼諸菩薩聞說是法皆大歡喜以衆
妙華若干種色若干種香散遍三千大千
世界供養於佛及此經法并諸菩薩已稽首
佛足歎未曾有言釋迦牟尼佛乃能於此善
行方便言已忽然不現還到彼國

見阿閦佛品第十二

尒時世尊問維摩詰汝欲見如來為以何等
觀如來乎維摩詰言如自觀身實相觀佛亦
然我觀如來前際不來後際不去今則不住不

觀色不觀色如不觀色性不觀受想行識不
觀識如不觀識性非四大起同於虛空六入
无積眼耳鼻舌身心已過不在三界三垢已
離順三解脫門三明與无明等不一相不異
相不自相不他相非无相非取相不此圻不彼
圻不中流教化衆生而觀寂滅亦不永滅不
此不彼不在此不在彼不可以智知不可以識
識无晦无明无名无相无强无弱非淨非穢
不在方不離方非有爲非无爲无示无說不
施不慳不戒不犯不忍不恚不進不怠不定
不亂不智不愚不誠不欺不來不去不出不
入一切言語道斷非福田非不福田非應供養
非不應供養非取非捨非相非无相同真
際等法性不可稱不可量過諸稱量非大

際等法性不可稱不可量過諸稱量非大
非小非見非聞非覺非知離衆結縛等諸
智同衆生扵諸法无分別一切无失无濁无惱
无作无起无生无滅无畏无憂无喜无猒无
着无已有无當有无今有不可以一切言説分別
顯示世尊如來身爲若此作如是觀以斯觀
者名爲正觀若他觀者名爲耶觀尒時舍
利弗問維摩詰汝扵何沒而來生此維摩詰
言汝所得法有沒生乎舍利弗言无沒生也
若諸法无沒生相云何問言汝扵何沒而來
生此扵意云何譬如幻師幻作男女寧沒生
耶舍利弗言无沒生也汝豈不聞佛説諸法
如幻相乎荅曰如是若一切法如幻相者云何
問言汝扵何沒而來生此舍利弗沒者爲虛

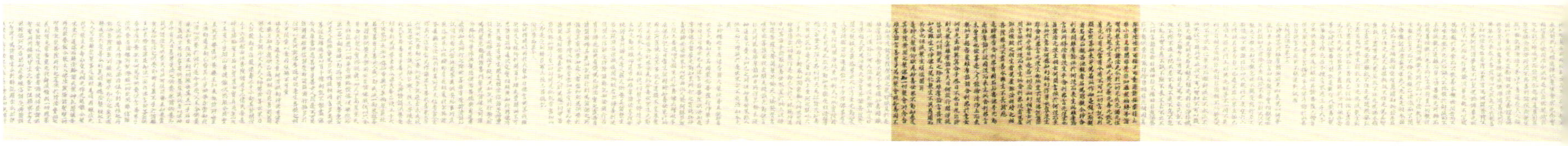

諸法壞敗之相生者爲虚誑法相續之相
菩薩雖没不盡善本雖生不長諸惡
是時佛告舍利弗有國名妙喜佛号无動
是維摩詰於彼國没而来生此舍利弗言
未曾有也世尊是人乃能捨清淨土而来
樂此多怒害處維摩詰語舍利弗於意云
何日光出時與冥合乎答曰不也日光出時
則无衆冥維摩詰言夫日何故行閻浮提
答曰欲以明照爲之除冥維摩詰言菩薩
如是雖生不淨佛土爲化衆生不與愚闇而
共合也但滅衆生煩惱闇耳
是時大衆渴仰欲見妙喜世界不動如来及
其菩薩聲聞之衆佛知一切衆會所念告
維摩詰言善男子爲此衆會現妙喜國不

維摩詰言善男子爲此衆會現妙喜國不
動如来及諸菩薩聲聞之衆衆皆欲見於是
維摩詰心念吾當不起于坐接妙喜國鐵
圍山川溪谷江河大海泉源須弥諸山及日
月星宿天龍鬼神梵天等宮并諸菩薩聲
聞之衆城邑聚落男女大小乃至无動如来
及菩提樹諸妙蓮華能於十方作佛事者三
道寶階從閻浮提至忉利天以此寶階諸
天下来悉爲礼敬无動如来聽受經法閻浮
提人亦登其階上昇忉利天見彼諸天妙喜
世界成就如是无量功德上至阿迦膩吒天
下至水際以右手斷取如陶家輪入此世界猶
持華鬘示一切衆作是念已入於三昧現神通
力以其右手斷取妙喜世界置於此土彼得

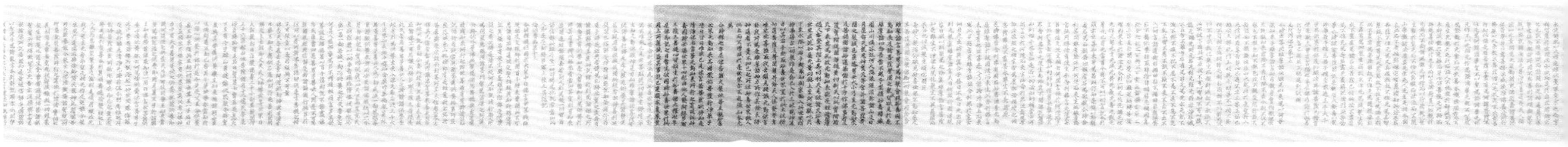

神通菩薩及聲聞衆并餘天人俱發聲言
唯然世尊誰取我去願見救護无動佛言
非我所爲是維摩詰神力所作其餘未得
神通者不覺不知已之所往妙喜世界雖入
此土而不增減於是世界亦不迫隘如本无
異
尒時釋迦牟尼佛告諸大衆汝等且觀妙喜
世界无動如来其國嚴飾菩薩行淨弟子
清白皆曰唯然已見佛言若菩薩欲得如是
清淨佛土當學无動如来所行之道現此妙
喜國時娑婆世界十四那由他人發阿耨多羅
三藐三菩提心皆願生於妙喜佛土釋迦牟
尼佛即記之曰當生彼國時妙喜世界於此
國土所應饒益其事訖已還復本處舉衆

國土所應饒益其事訖已還復本處舉衆
衆見佛告舍利弗汝見此妙喜世界及无動
佛不唯然已見世尊願使一切衆生得清淨
土如无動佛獲神通力如維摩詰世尊我等
快得善利得見是人親近供養其諸衆生
若今現在若佛滅後聞此經者亦得善利況
復聞已信解受持讀誦解說如法脩行若
有手得是經典者便為已得法寶之藏若有
讀誦解釋其義如說脩行則為諸佛之所
護念其有供養如是人者當知則為供養於
佛其有書持此經卷者當知其室則有如來
若聞是經能隨喜者斯人則為趣一切智若
能信解此經乃至一四句偈為他說者當知此
人即是受阿耨多羅三藐三菩提記

法供養品第十三

尒時釋提桓因於大衆中白佛言世尊我雖
從佛及文殊師利聞百千經未曾聞此不可
思議自在神通決定實相經典如我解佛所
說義趣若有衆生聞是經法信解受持讀
誦之者必得是法不疑何况如說脩行斯人則
為閉衆惡趣開諸善門常為諸佛之所護
念降伏外學摧滅魔怨脩治菩提安處道場
履踐如来所行之跡世尊若有受持讀誦如
說脩行者我當與諸眷屬供養給事所在
聚落城邑山林曠野有是經處我亦與諸
眷屬聽受法故共到其所其未信者當令生
信其已信者當為作護佛言善哉善哉天帝
如汝所說吾助尒喜此經廣說過去未来現

如汝所說吾助尒喜此經廣說過去未来現
在諸佛不可思議阿耨多羅三藐三菩提是
故天帝若善男子善女人受持讀誦供養是
經者則為供養去来今佛天帝正使三千大
千世界如来滿中譬如甘蔗竹葦稻麻叢林
若有善男子善女人或一劫或減一劫恭敬尊
重讚歎供養奉諸所安至諸佛滅後以一一全
身舍利起七寶塔縱廣一四天下高至梵天
表刹莊嚴以一切華香瓔珞幢幡伎樂微妙
第一若一劫若減一劫而供養之於天帝意云
何其人殖福寧為多不釋提桓因言多矣世
尊彼之福德若以百千億劫說不能盡佛
告天帝當知是善男子善女人聞是不可思
議解說經典信解受持讀誦脩行福多於

彼所以者何諸佛菩提皆從是生菩提之相
不可限量以是因緣福不可量
佛告天帝過去无量阿僧祇劫時世有佛号
曰藥王如來應供正遍知明行足善逝世間
解无上士調御丈夫天人師佛世尊世界曰
大莊嚴劫曰莊嚴佛壽二十小劫其聲聞僧
三十六億那由他菩薩僧有十二億天帝是
時有轉輪聖王名曰寶蓋七寶具足主四天
下王有千子端正勇健能伏怨敵尒時寶
蓋與其眷屬供養藥王如來施諸所安至
五滿劫過五劫已告其千子汝等亦當如我
以深心供養於佛於是千子受父王命供養
藥王如來復滿五劫一切施安其王一子名曰
月蓋獨坐思惟寧有供養殊過此者以佛神

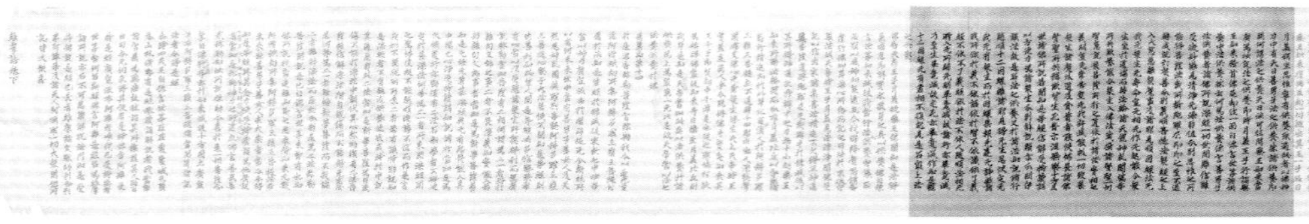

月盖獨坐思惟寧有供養殊過此者以佛神
力中有天曰善男子法之供養勝諸供養即
問何謂法之供養天曰汝可往問藥王如来當
廣爲汝說法之供養即時月盖王子行詣藥
王如来稽首佛足却住一面白佛言世尊諸供
養中法供養勝云何爲法供養佛言善男子
法供養者諸佛所說深經一切世間難信難
受微妙難見清淨无染非但分別思惟之所
能得菩薩法藏所攝陁羅尼印印之至不退
轉成就六度善分別義順菩提法衆經之上
入大慈悲離衆魔事及諸邪見順因緣法无
我无衆生无壽命空无相无作无起能令衆
生坐於道場而轉法輪諸天龍神乹闥婆等
所共歎譽能令衆生入佛法藏攝諸賢聖一切

智慧諸衆皆隨所行之道依於諸法實相之
義明宣无常苦空无我寂滅能救一切毀禁
衆生諸魔外道及貪著者能使怖畏諸佛
賢聖所共稱歎背生死苦示涅槃樂十方三
世諸佛所說若聞如是等經信解受持讀誦
以方便力為諸衆生分別解說顯示分明守
護法故是名法之供養又於諸法如說修行
隨順十二因緣離諸邪見得无生忍決定无
我无有衆生而於因緣果報无違无諍離諸
我所依於義不依語依於智不依識依了義
經不依不了義經依於法不依人隨順法相无
所入无所歸无明畢竟滅故諸行亦畢竟滅
乃至生畢竟滅故老死亦畢竟滅作如是觀
十二因緣无有盡相不復起見是名最上法

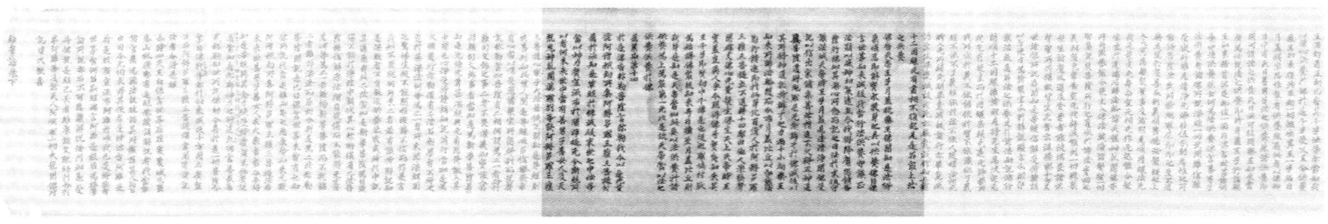

十二因緣无有盡相不復起見是名最上法
之供養
佛告天帝王子月蓋從藥王佛聞如是法得
柔順忍即解寶衣嚴身之具以供養佛白佛
言世尊如來滅後我當行法之供養守護正
法願以威神加哀建立令我得降魔怨脩菩
薩行佛知其深心所念而記之曰汝於末後守
護法城天帝時王子月蓋見法清淨聞佛受
記以信出家脩集善法精進不久得五神通
具菩薩道得陁羅尼无斷辯才於佛滅後以
其所得神通揔持辯才之力滿十小劫藥王
如來所轉法輪隨而分布月蓋比丘以守護法
勤行精進即於此身化百万億人於阿耨多羅
三藐三菩提立不退轉十四那由他人深發聲

聞㝡女佛心无量衆生得生天上天帝時王
寶蓋豈異人乎今現得佛号寶炎如来其
王千子即賢劫中千佛是也從迦羅鳩村䭾
為始得佛㝡後如来号曰樓至月盖比丘則
我身是如是天帝當知此要以法供養於諸
供養為上為㝡第一无比是故天帝當以法之
供養供養於佛

囑累品第十四

於是佛告祢勒菩薩言祢勒我今以是无量
億阿僧祇劫所集阿耨多羅三狼三菩提付
屬於汝如是輩經於佛滅後末世之中汝等
當以神力廣宣流布於閻浮提无令斷絶所
以者何未来世中當有善男子善女人及天
龍鬼神乹闥婆羅刹等發阿耨多羅三狼

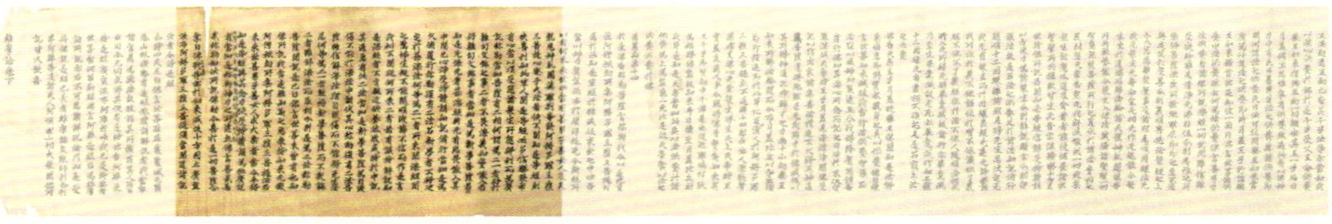

龍鬼神乹闥婆羅刹等發阿耨多羅三藐
三菩提心樂于大法若使不聞如是等經則
失善利如此輩人聞是等經必多信樂發希
有心當以頂受隨諸衆生所應得利而爲廣
說彌勒當知菩薩有二相何謂爲二一者好於
雜句文飾之事二者不畏深義如實能入若
好雜句文飾事者當知是爲新學菩薩若於
如是无染无著甚深經典无有恐畏能入其
中聞已心淨受持讀誦如說脩行當知是爲
久脩道行彌勒復有二法名新學者不得决
定於甚深法何等爲二一者所未聞深經聞
之驚怖生疑不能隨順毀謗不信而作是言
我初不聞從何所來二者若有護持解說如
是深經者不肯親近供養恭敬或時於中說

其過惡有此二法當知是新學菩薩為自毀
傷不能於深法中調伏其心弥勒復有二法菩
薩雖信解深法猶自毀傷而不能得无生法
忍何等為二一者輕慢新學菩薩而不教誨
二者雖解深法而取相分別是為二法弥勒
菩薩聞說是已白佛言世尊未曾有也如
佛所說我當遠離如斯之惡奉持如來无數
阿僧祇劫所集阿耨多羅三藐三菩提法若
未來世善男子善女人求大乘者當令手得
如是等經與其念力使受持讀誦為他廣說
（世尊若後末世有能受持讀誦為他人說）
者當知是弥勒神力之所建立佛言善哉善
哉弥勒如汝所說佛助尒喜於是一切菩薩合
掌白佛（言世尊）我等亦於如來滅後十方國土廣宣
流布阿耨多羅三藐三菩提復當開道諸說

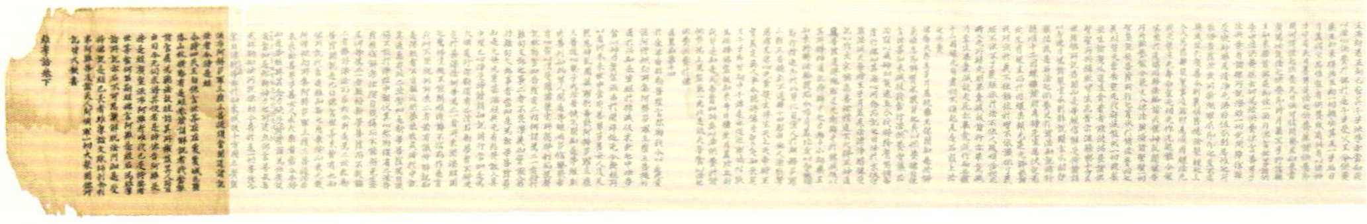

流布阿耨多羅三藐三菩提復當開道諸説
法者令得是經
尒時四天王白佛言世尊在在處處城邑聚
落山林曠野有是經卷讀誦解説者我當率
諸官屬爲聽法故往詣其所擁護其人面百
由旬令无伺求得其便者是時佛告阿難受
持是經廣宣流布阿難者唯我已受持要者
世尊當何名斯經佛言阿難是經名爲維摩
詰所説亦名不可思議解脱法門如是受
持佛説是經已長者維摩詰文殊師利舍利
弗阿難等及諸天人阿脩羅一切大衆聞佛所
説皆大歡喜

維摩詰卷下

BD00102　維摩詰所説經卷下

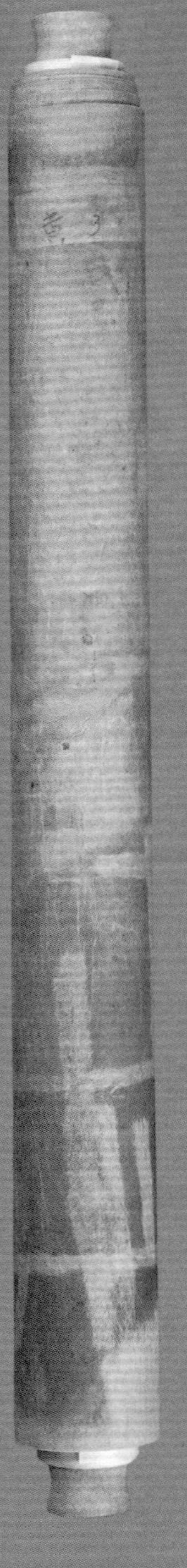

# BD00103 無量壽宗要經（甲本）

171cm × 31cm

# 大乘无量壽經

如是我聞一時薄伽梵在舍衛國祇樹給孤獨園與大苾芻僧千二百五十人大菩薩摩訶
衆俱爾時世尊告曼殊室利童子曼殊上方有世界名无量功德聚彼土有佛
无量智決定王如來 阿囉訶三藐三菩提現為衆生開示說法曼殊諦聽南閻浮
提人皆短壽大限百年於中殀枉横死者衆曼殊如是无量壽如來功德名稱法要
若有衆生得聞名号若自書或使人書能為經卷受持讀誦若於舍宅所住之處以種
種花鬘瓔珞塗香末香而為供養如其命盡復得延年滿足百歲如是曼殊若有衆生得
聞是无量壽智決定王如來一百八名号者益其長壽若有衆生大命將盡憶念是
如來名号更得增壽如是曼殊若有善男子善女人欲求長命於是无量壽如來一百
八名号有得聞者或自書使人書受持讀誦得如是等果報福德具足陁羅尼曰
南謨薄伽勃底 阿波唎蜜哆 阿喻紇硯娜 須毗你悉指陁 囉佐耶 怛他羯他耶 怛姪他唵 薩婆桑悉迦
羅 波唎輸底 達磨底 伽迦娜 莎訶特迦底 薩婆婆毗輸底 摩訶娜耶 波唎婆嚟莎訶
世尊復告曼殊室利如是如來一百八名号若有自書或使人書為經卷受持讀誦 如壽命盡
復滿百年壽終此身後得往生无量福智世界无量壽淨土陁羅尼曰
南謨薄伽勃底 阿波唎蜜哆 阿喻紇硯娜 須毗你悉指陁 囉佐耶 怛他羯他耶 怛姪他唵 薩婆桑悉迦羅

南謨薄伽勃底 阿波唎蜜多 阿喻紇硯娜 須毗你悉指陀 囉佐耶 怛他羯他耶 怛姪他唵 薩婆桑悉迦囉

波唎輸底 達磨底 伽迦娜 莎訶其持迦底 薩婆婆毗輸底 摩訶娜耶 波唎婆唎莎訶

尒時有九十九姟佛等一時同聲說是无量壽宗要経陁羅尼曰

南謨薄伽勃底 阿波唎蜜多 阿喻紇硯娜 須毗你悉指陀 羅佐耶 怛他羯他耶 怛姪他唵 薩婆桑悉迦羅

波唎輸底 達磨底 伽迦娜 莎訶其持迦底 薩婆婆毗輸底 摩訶娜耶 波唎婆唎莎訶

尒時復有一百四姟佛一時同聲說是无量壽宗要経陁羅尼曰

南謨薄伽勃底 阿波唎蜜多 阿喻紇硯娜 須毗你悉指陀 羅佐耶 怛他羯他耶 怛姪他唵 薩婆桑悉迦羅

波唎輸底 達磨底 伽迦娜 莎訶其持迦底 薩婆婆毗輸底 摩訶娜娜耶 波唎婆唎莎訶

尒時復有七姟佛一時同聲說是无量壽宗要経陁羅尼曰

南謨薄伽勃底 阿波唎蜜多 阿喻紇硯娜 須毗你悉指陀 羅佐耶 怛他羯他耶 怛姪他唵 薩婆桑悉迦羅

波唎輸底 達磨底 伽迦娜 莎訶其持迦底 薩婆婆毗輸底 摩訶娜耶 波唎婆唎莎訶

尒時有六十五姟佛一時同聲說是无量壽宗要経陁羅尼曰

南无薄伽勃底 阿波唎蜜多 阿喻紇硯娜 須毗你悉指陀 羅佐耶 怛他羯他耶 怛姪他唵 薩婆桑悉迦羅

波唎輸底 達磨底 伽迦娜 莎訶其持迦底 薩婆婆毗輸底 摩訶娜耶 波唎婆唎莎訶

尒時復有五十五姟佛一時同聲說是无量壽宗要経陁羅尼曰

南謨薄伽勃底 阿波唎蜜多 阿喻紇硯娜 須毗你悉指陀 羅佐耶 怛他羯他耶 怛姪他唵 薩婆桑悉迦羅

南謨薄伽勃底阿波唎蜜多阿喻紇硯娜須毗你悉指陁囉佐耶怛他羯他耶怛姪他唵薩婆桑悉迦囉
波唎輸底達磨底伽伽娜娑磨訶迦底娑婆婆毗輸底摩訶娜耶波唎婆唎莎訶
介時復有四十五俱胝佛一時同聲說是無量壽宗要經陁羅尼曰
南謨薄伽勃底阿波唎蜜多阿喻紇硯娜須毗你悉指陁囉佐耶怛他羯他耶怛姪他唵薩婆桑悉迦囉
波唎輸底達磨底伽伽娜娑磨訶迦底娑婆婆毗輸底摩訶娜耶波唎婆唎莎訶
介時復有三十六俱胝佛一時同聲說是無量壽宗要經陁羅尼曰
南謨薄伽勃底阿波唎蜜多阿喻紇硯娜須毗你悉指陁囉佐耶怛他羯他耶怛姪他唵薩婆桑悉迦囉
波唎輸底達磨底伽伽娜娑磨訶迦底娑婆婆毗輸底摩訶娜耶波唎婆唎莎訶
南謨薄伽勃底阿　介時有二十五俱胝佛一時同聲說是無量壽宗要經陁羅尼曰
南謨薄伽勃底阿波唎蜜多阿喻紇硯娜須毗你悉指陁囉佐耶怛他羯他耶怛姪他唵薩婆桑悉迦囉
波唎輸底達磨底伽伽娜娑磨訶迦底娑婆婆毗輸底摩訶娜耶波唎婆唎莎訶
介時復有恒河沙俱胝佛一時同聲說是無量壽宗要經陁羅尼曰
南謨薄伽勃底阿波唎蜜多阿喻紇硯娜須毗你悉指陁囉佐耶怛他羯他耶怛姪他唵薩婆桑悉迦囉
波唎輸底達磨底伽伽娜娑磨訶迦底娑婆婆毗輸底摩訶娜耶波唎婆唎莎訶
善男子若有自書寫教人書寫是無量壽宗要經如其命盡復得長壽而滿百年陁羅尼曰
南謨薄伽勃底阿波唎蜜多阿喻紇硯娜須毗你悉指陁囉佐耶怛他羯他耶怛姪他唵薩婆桑悉迦

南謨薄伽勃底 阿波唎蜜多 阿喻紇硯那 須毗你悉指陀 囉佐耶 怛他羯他耶 怛姪他 唵 薩婆桑悉迦
囉 波唎輸底 達磨底 伽迦那 莎訶娑特迦底 薩婆婆毗輸底 摩訶娜耶 波唎婆囇 莎訶
若有自書寫教人書寫是無量壽宗要經讀誦受持畢竟不墮地獄在在所生得宿命智陀羅
尼曰 南謨薄伽勃底 阿波唎蜜多 阿喻紇硯那 須毗你悉指陀 囉佐耶 怛他羯他耶 怛姪他 唵 薩婆桑悉迦
囉 波唎輸底 達磨底 伽迦那 莎訶娑特迦底 薩婆婆毗輸底 摩訶娜耶 波唎婆囇 莎訶
若有自書教人書寫是無量壽宗要經受持讀誦寫八万四千一切經典陀羅尼曰
南謨薄伽勃底 阿波唎蜜多 阿喻紇硯那 須毗你悉指陀 囉佐耶 怛他羯他耶 怛姪他 唵 薩婆桑悉迦囉
波唎輸底 達磨底 伽迦那 莎訶娑特迦底 薩婆婆毗輸底 摩訶娜耶 波唎婆囇 莎訶
若有自書寫教人書寫是無量壽宗要經即是書寫八万四千部建立塔廟陀羅尼曰
南謨薄伽勃底 阿波唎蜜多 阿喻紇硯那 須毗你悉指陀 囉佐耶 怛他羯他耶 怛姪他 唵 薩婆桑悉迦囉
波唎輸底 達磨底 伽迦那 莎訶娑特迦底 薩婆婆毗輸底 摩訶娜耶 波唎婆囇 莎訶
若有自書寫教人書寫是無量壽宗要經能消五無間等一切重罪陀羅尼曰
南謨薄伽勃底 阿波唎蜜多 阿喻紇硯那 須毗你悉指陀 囉佐耶 怛他羯他耶 怛姪他 唵 薩婆桑悉迦囉
波唎輸底 達磨底 伽迦那 莎訶娑特迦底 薩婆婆毗輸底 摩訶娜耶 波唎婆囇 莎訶
若有自書寫教人書寫是無量壽宗要經持讀誦設有重罪猶如須彌盡能除滅陀羅尼曰
南謨薄伽勃底 阿波唎蜜多 阿喻紇硯那 須毗你悉指陀 囉佐耶 怛他羯他耶 怛姪他 唵 薩婆桑悉迦囉

南謨薄伽勃底 阿波唎蜜多 阿喻紇硯娜 須毗你悉指陀 囉佐耶 怛他羯他耶 怛姪他 唵 薩婆桑悉迦囉
波唎輸底 達磨底 伽伽娜 莎訶某特迦底 薩婆婆毗輸底 摩訶娜耶 波唎婆唎莎訶
若有七寶等凡須彌山用布施其福上能知其限量 是無量壽經典其福不可知數陀羅尼曰
南謨薄伽勃底 阿波唎蜜多 阿喻紇硯娜 須毗你悉指陀 囉佐耶 怛他羯他耶 怛姪他 唵 薩婆桑悉迦囉
波唎輸底 達磨底 伽伽娜 莎訶某特迦底 薩婆婆毗輸底 摩訶娜耶 波唎婆唎莎訶
如四大海水可知滴數 是無量壽經典其福不可數量 陀羅尼曰
南謨薄伽勃底 阿波唎蜜多 阿喻紇硯娜 須毗你悉指陀 囉佐耶 怛他羯他耶 怛姪他 唵 薩婆桑悉迦囉
波唎輸底 達磨底 伽伽娜 莎訶某特迦底 薩婆婆毗輸底 摩訶娜耶 波唎婆唎莎訶
若有自書使人書寫是無量壽宗要經典又能讀持供養即如恭敬供養一切十方佛土如來無有
別異陀羅尼曰
南謨薄伽勃底 阿波唎蜜多 阿喻紇硯娜 須毗你悉指陀 囉佐耶 怛他羯他耶 怛姪他 唵 薩婆桑悉迦囉
波唎輸底 達磨底 伽伽娜 莎訶某特迦底 薩婆婆毗輸底 摩訶娜耶 波唎婆唎莎訶
布施力能成正覺 悟布施力人師子 布施力能聲普聞 慈悲階漸最能入
持戒力能成正覺 悟持戒力人師子 持戒力能聲普聞 慈悲階漸最能入
忍辱力能成正覺 悟忍辱力人師子 忍辱力能聲普聞 慈悲階漸最能入
精進力能成正覺 悟精進力人師子 精進力能聲普聞 慈悲階漸最能入

精進力能成正覺　悟精進力人師子　精進力能聲普聞　慈悲階漸最能入
禪定力能成正覺　悟禪定力人師子　禪定力能聲普聞　慈悲階漸最能入
智慧力能成正覺　悟智慧力人師子　禪定力能聲普聞　慈悲階漸最能入
尒時如來說是經已一切世間天人阿脩羅揵闥婆等聞佛所說皆大歡喜信受奉行

佛說无量壽宗要經

張瀛

BD00104 妙法蓮華經卷七

（後秦）鳩摩羅什 譯

BD00104v 雜寫

184cm × 27cm

供正遍知明行足善逝
夫天人師佛世尊為无量无邊菩薩大衆恭
敬圍繞而為說法釋迦牟尼佛白毫光明遍
照其國尒時一切淨光莊嚴國中有一菩
薩名曰妙音久已殖衆德本供養親近无量
百千万億諸佛而悉成就甚深智慧得妙幢
相三昧法華三昧淨德三昧宿王戲三昧无
緣三昧智印三昧解一切衆生語言三昧
集一切功德三昧清淨三昧神通遊戲三昧
慧炬三昧莊嚴王三昧淨光明三昧淨藏三
昧不共三昧日旋三昧得如是等百千万億
恒河沙等諸大三昧釋迦牟尼佛光照其身
即白淨華宿王智佛言世尊我當往詣娑婆

世界礼拜親近供養釋迦牟尼佛及見文殊
師利法王子菩薩藥王菩薩勇施菩薩宿王
華菩薩上行意菩薩莊嚴王菩薩藥上菩
薩尒時淨華宿王智佛告妙音菩薩汝莫輕
彼國生下劣想善男子彼娑婆世界高下不平
土石諸山穢惡充滿佛身卑小諸菩薩衆其
形亦小而汝身四万二千由旬我身六百八十万
由旬汝身第一端正百千万福光明殊妙是
故汝往莫輕彼國若佛菩薩及國土生下劣
想妙音菩薩白其佛言世尊我今詣娑婆世
界皆是如來之力如來神通遊戲如來功德
智慧莊嚴於是妙音菩薩不起于座身不動
搖而入三昧以三昧力於耆闍崛山去法座不遠

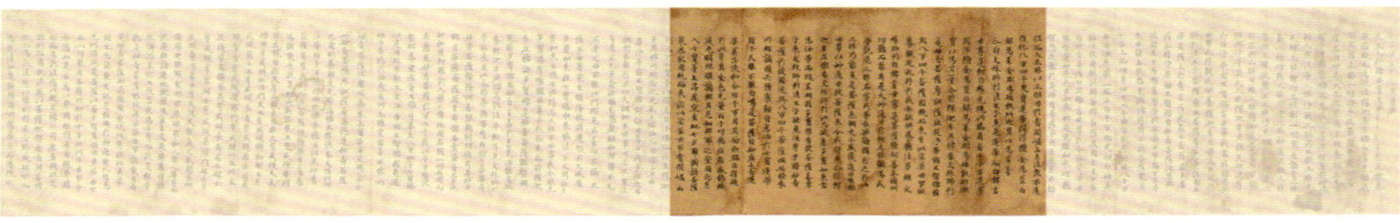

搖而入三昧以三昧力於耆闍崛山去法座不遠
作化八万四千衆寶蓮華閻浮檀金為莖白
銀為葉金剛為鬚甄叔迦寶以為其臺
尒時文殊師利法王子見是蓮華而白佛言
世尊是何因緣先現此瑞有若干千万蓮華
閻浮檀金為莖白銀為葉金剛為鬚甄叔迦
寶以為其臺尒時釋迦牟尼佛告文殊師利
是妙音菩薩摩訶薩欲從淨華宿王智佛國
與八万四千菩薩圍繞而來至此娑婆世界供
養親近礼拜於我亦欲供養聽法華經文
殊師利白佛言世尊是菩薩種何善本脩何
功德而能有是大神通力行何三昧願為我
等說是三昧名字我等亦欲勤脩行之行此

三昧乃能見是菩薩色相大小威儀進止唯願世尊以神通力彼菩薩来令我得見尒時釋迦牟尼佛告文殊師利此久滅度多寶如来當為汝等而現其相時多寶佛告彼菩薩善男子来文殊師利法王子欲見汝身于時妙音菩薩於彼國沒與八万四千菩薩俱共發来所經諸國六種震動皆悉雨於七寶蓮華百千天樂不鼓自鳴是菩薩目如廣大青蓮華葉正使和合百千万月其面貌端正復過於此身真金色无量百千功德莊嚴威德熾盛光明照曜諸相具足如那羅延堅固之身入七寶臺上昇虛空去地七多羅樹諸菩薩衆恭敬圍繞而来詣此娑婆世界耆闍崛山

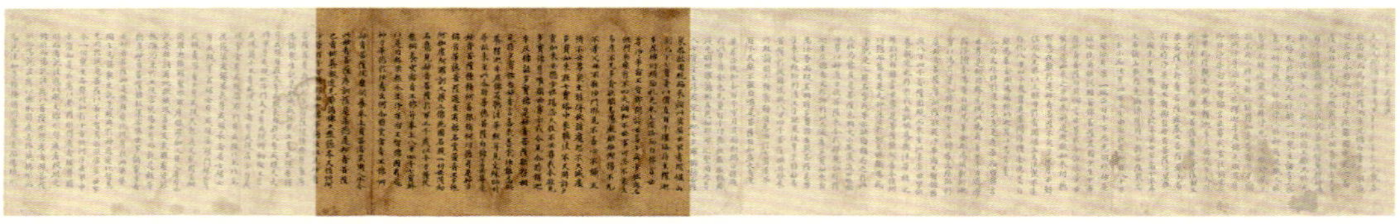

衆恭敬圍繞而來詣此娑婆世界耆闍崛山
到已下七寶臺以價直百千瓔珞持至釋迦
牟尼佛所頭面礼足奉上瓔珞而白佛言世
尊淨華宿王智佛問訊世尊少病少惱起居
輕利安樂行不四大調和不世事可忍不衆生
易度不无多貪欲瞋恚愚癡嫉妬慳慢不无
不孝父母不敬沙門耶見不善心不攝五
情不世尊衆生能降伏諸魔怨不久滅度
多寶如來在七寶塔中來聽法不又問訊多
寶如來安隱少惱堪忍久住不世尊我今欲見
多寶佛身唯願世尊示我令見尒時釋迦
牟尼佛語多寶佛是妙音菩薩欲得相
見時多寶佛告妙音言善哉善哉汝能爲供

養釋迦牟尼佛及聽法華經并見文殊師利
等故來至此尒時華德菩薩白佛言世尊是
妙音菩薩種種何善根脩何功德有是神力
佛告華德菩薩過去有佛名雲雷音王多陀
阿伽度阿羅訶三藐三佛陁國名現一切世間劫
名憙見妙音菩薩於万二千歲以千万種伎
樂供養雲雷音王佛并奉上八万四千七寶鉢
以是因緣果報今生淨華宿王智佛國有是
神力華德於汝意云何尒時雲雷音王佛所
妙音菩薩伎樂供養奉上寶器者豈異人乎今
此妙音菩薩摩訶薩是華德是妙音菩薩
已曾供養親近无量諸佛久殖德本又值恒河
沙等百千万億那由他佛華德汝但見妙音

曾供養親近無量諸佛久殖德本又值恒河
沙等百千万億那由他佛華德汝但見妙音
菩薩其身在此而是菩薩現種種身處處
為諸衆生說是經典或現梵王身或現帝釋
身或現自在天身或現大自在天身或現天大
將軍身或現毗沙門天王身或現轉輪聖王身
或現諸小王身或現長者身或現居士身或
現宰官身或現婆羅門身或現比丘比丘
尼優婆塞優婆夷身或現長者居士婦女
身或現宰官婦女身或現婆羅門婦女身
或現童男童女身或現天龍夜叉乾闥婆阿
脩羅迦樓羅緊那羅摩睺羅伽人非人等身而
說是經諸有地獄餓鬼畜生及衆難處皆能
救濟乃至於王後宮變為女身而說是經華

德是妙音菩薩能救護娑婆世界諸衆生者
是妙音菩薩如是種種變化現身在此娑婆
國土為諸衆生說是經典於神通變化智慧
无所損減是菩薩以若干智慧明照娑婆世界
令一切衆生各得所知於十方恒河沙世界中
亦復如是若應以聲聞形得度者現聲聞
形而為說法應以辟支佛形得度者現辟支
佛形而為說法應以菩薩形得度者現菩薩
形而為說法應以佛形得度者即現佛形而
為說法如是種種隨所應度者而為現形

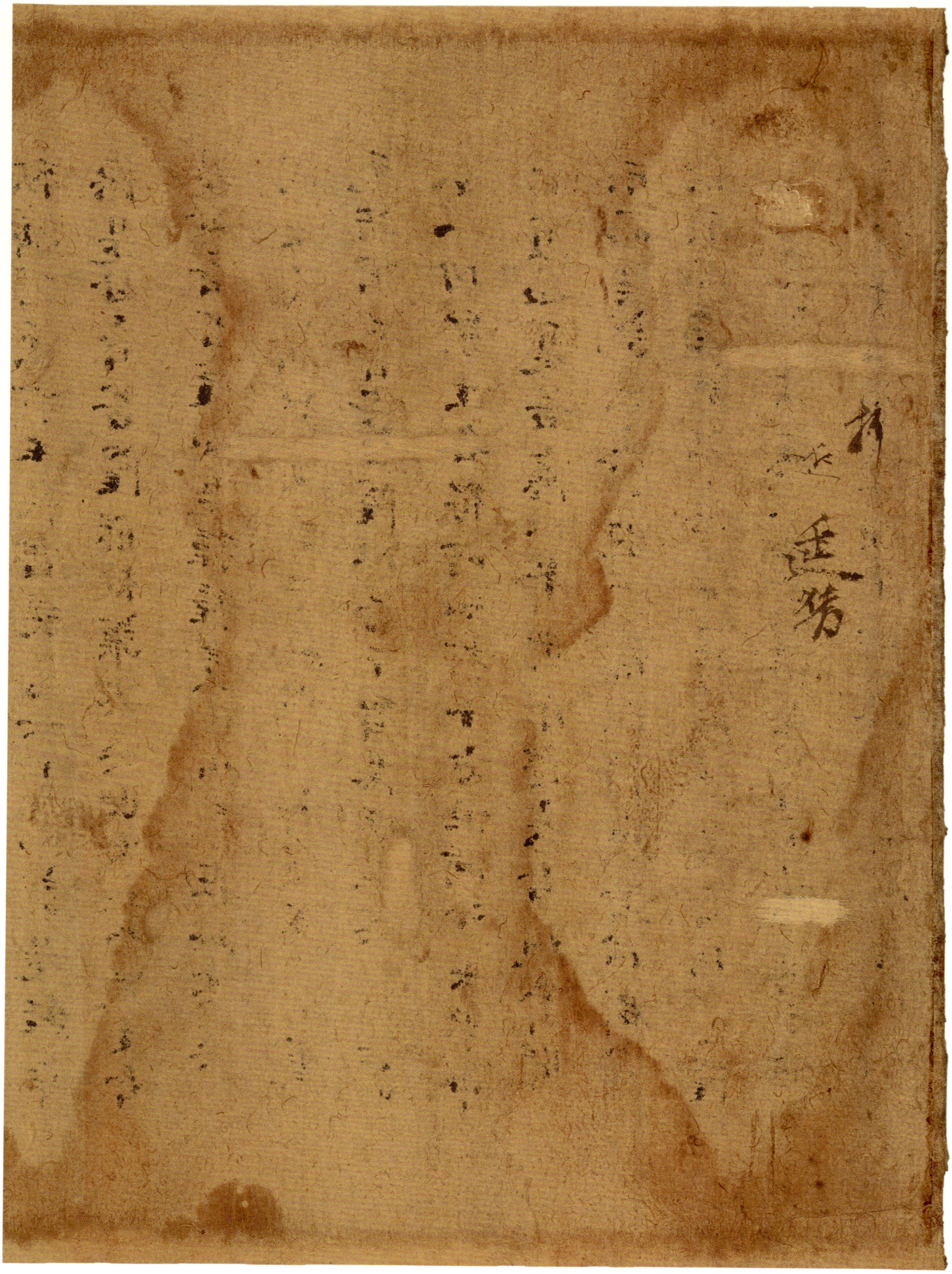

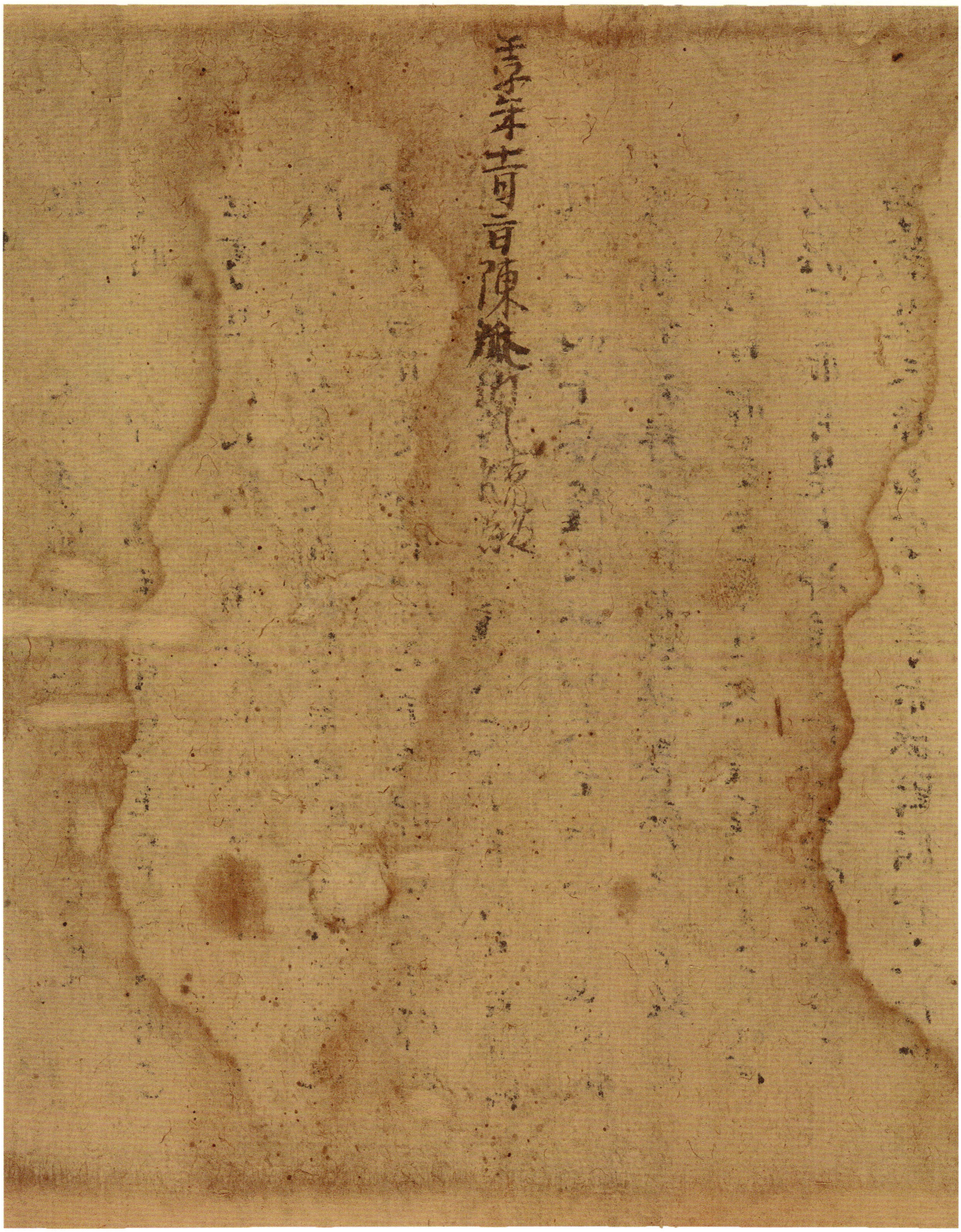


BD00104v　雜寫

BD00104v 雜寫

# BD00105 妙法蓮華經卷一

（後秦）鳩摩羅什 譯

522.5cm × 25.3cm

世尊演説法
佛未出家時 所生八王子 見大聖出
時佛説大乘 經名无量義 於諸大衆中 而爲廣
佛説此經已 即於法座上 跏趺坐三昧 名无量義處
天雨曼陁華 天鼓自然鳴 諸天龍鬼神 供養人中尊
一切諸佛土 即時大震動 佛放眉閒光 現諸希有事
此光照東方 万八千佛土 示一切衆生 生死業報處
有見諸佛土 以衆寶莊嚴 瑠璃頗梨色 斯由佛光照
及見諸天人 龍神夜叉衆 乹闥緊那羅 各供養其佛
又見諸如來 自然成佛道 身色如金山 端嚴甚微妙
如淨瑠璃中 内現真金像 世尊在大衆 敷演深法義
一一諸佛土 聲聞衆无數 因佛光所照 悉見彼大衆
或有諸比丘 在於山林中 精進持淨戒 猶如護明珠
又見諸菩薩 行施忍辱等 其數如恒沙 斯由佛光照
又見諸菩薩 深入諸禪定 身心寂不動 以求无上道

又見諸菩薩　知法寂滅相　各於其國土　說法求佛道
尒時四部衆　見日月燈佛　現大神通力　其心皆歡喜
各各自相問　是事何因緣　天人所奉尊　適從三昧起
讚妙光菩薩　汝為世間眼　一切所歸信　能奉持法藏
如我所說法　唯汝能證知　世尊既讚歎　令妙光歡喜
說是法華經　滿六十小劫　不起於此座　所說上妙法
是妙光法師　悉皆能受持　佛說是法華　令衆歡喜已
尋即於是日　告於天人衆　諸法實相義　已為汝等說
我今於中夜　當入於涅槃　汝一心精進　當離於放逸
諸佛甚難值　億劫時一遇　世尊諸子等　聞佛入涅槃
各各懷悲惱　佛滅一何速　聖主法之王　安慰无量衆
我若滅度時　汝等勿憂怖　是德藏菩薩　於无漏實相
心已得通達　其次當作佛　号曰為淨身　亦度无量衆
佛此夜滅度　如薪盡火滅　分布諸舍利　而起无量塔
比丘比丘尼　其數如恒沙　倍復加精進　以求无上道

BD00105　妙法蓮華經卷一

佛此夜滅度　如薪盡火滅　分布諸舍利　而起无量塔
比丘比丘尼　其數如恒沙　倍復加精進　以求无上道
是妙光法師　奉持佛法藏　八十小劫中　廣宣法華經
是諸八王子　妙光所開化　堅固无上道　當見无數佛
供養諸佛已　隨順行大道　相繼得成佛　轉次而授記
最後天中天　号曰然燈佛　諸仙之導師　度脫无量衆
是妙光法師　時有一弟子　心常懷懈怠　貪著於名利
求名利无猒　多遊族姓家　棄捨所習誦　廢忘不通利
以是因緣故　号之爲求名　亦行衆善業　得見无數佛
供養於諸佛　隨順行大道　具六波羅蜜　今見釋師子
其後當作佛　号名曰弥勒　廣度諸衆生　其數无有量
彼佛滅度後　懈怠者汝是　妙光法師者　今則我身是
我見燈明佛　本光瑞如此　以是知今佛　欲說法華經
今相如本瑞　是諸佛方便　今佛放光明　助發實相義
諸人今當知　合掌一心待　佛當雨法雨　充足求道者
諸求三乘人　若有疑悔者　佛當爲除斷　令盡无有餘

妙法蓮華經方便品第二
尒時世尊從三昧安詳而起告舍利弗諸佛
智慧甚深无量其智慧門難解難入一切聲
聞辟支佛所不能知所以者何佛曾親近百
千万億无數諸佛盡行諸佛无量道法勇猛
精進名稱普聞成就甚深未曾有法隨宜所
說意趣難解舍利弗吾從成佛已來種種因
緣種種譬喻廣演言教无數方便引導衆生
令離諸着所以者何如來方便知見波羅蜜
皆已具足舍利弗如來知見廣大深遠无量
无礙力无所畏禪定解脫三昧深入无際成
就一切未曾有法舍利弗如來能種種分別
巧說諸法言辭柔軟悅可衆心舍利弗取要
言之无量无邊未曾有法佛悉成就止舍利
弗不須復說所以者何佛所成就第一希有

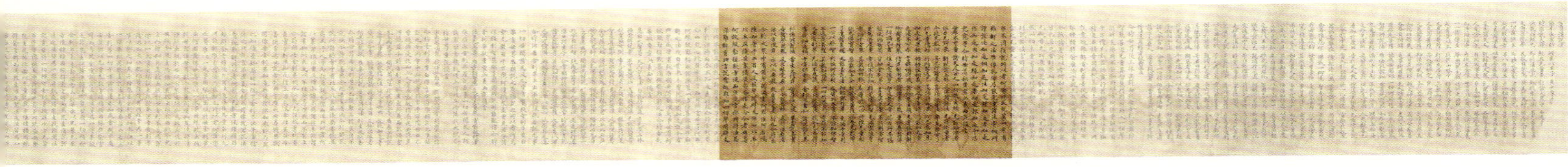

弗不須復說所以者何佛所成就第一希有
難解之法唯佛與佛乃能究盡諸法實相所
謂諸法如是相如是性如是體如是力如是
作如是因如是緣如是果如是報如是本末
究竟等尒時世尊欲重宣此義而說偈言
世雄不可量　諸天及世人　一切眾生類　无能知佛者
佛力无所畏　解脫諸三昧　及佛諸餘法　无能測量者
本從无數佛　具足行諸道　甚深微妙法　難見難可了
於无量億劫　行此諸道已　道場得成果　我已悉知見
如是大果報　種種性相義　我及十方佛　乃能知是事
是法不可示　言辭相寂滅　諸餘眾生類　无有能得解
除諸菩薩眾　信力堅固者　諸佛弟子眾　曾供養諸佛
一切漏已盡　住是最後身　如是諸人等　其力所不堪
假使滿世間　皆如舍利弗　盡思共度量　不能測佛智
盡思共度量　亦復不能知　辟支佛利智　无漏最後身

亦滿十方界　其數如竹林　斯等共一心　於億无量劫
欲思佛實智　莫能知少分　新發意菩薩　供養无數佛
了達諸義趣　又能善說法　如稻麻竹葦　充滿十方剎
一心以妙智　於恒河沙劫　咸皆共思量　不能知佛智
不退諸菩薩　其數如恒沙　一心共思求　亦復不能知
又告舍利弗　无漏不思議　甚深微妙法　我今已具得
唯我知是相　十方佛亦然　舍利弗當知　諸佛語无異
於佛所說法　當生大信力　世尊法久後　要當說真實
告諸聲聞眾　及求緣覺乘　我令脫苦縛　逮得涅槃者
佛以方便力　示以三乘教　眾生處處著　引之令得出
尒時大眾中有諸聲聞漏盡阿羅漢阿若憍
陳如等千二百人及發聲聞辟支佛心比丘
比丘尼優婆塞優婆夷各作是念今者世尊
何故慇懃稱歎方便而作是言佛所得法甚
深難解有所言說意趣難知一切聲聞辟支

BD00105　妙法蓮華經卷一

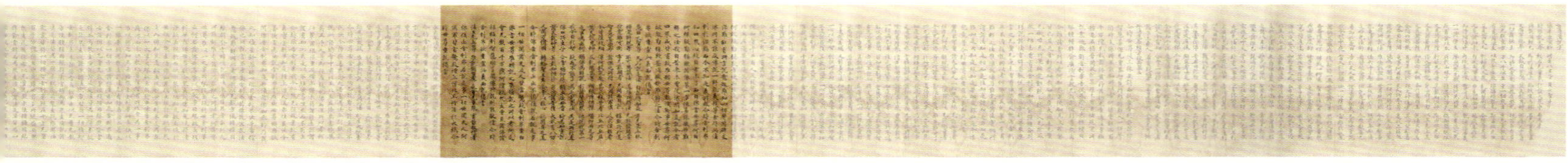

何故殷勤稱歎方便而作是言佛所得法甚
深難解有所言説意趣難知一切聲聞辟支
佛所不能及佛説一解脫義我等亦得此法
到於涅槃而今不知是義所趣尒時舍利弗
知四衆心疑自亦未了而白佛言世尊何因
何緣殷勤稱歎諸佛第一方便甚深微妙難
解之法我自昔來未曾從佛聞如是説今者
四衆咸皆有疑唯願世尊敷演斯事世尊何
故殷勤稱歎甚深微妙難解之法尒時舍利
弗欲重宣此義而説偈言
慧日大聖尊　久乃説是法　自説得如是　力无畏三昧
禪定解脫等　不可思議法　道場所得法　无能發問者
我意難可測　亦无能問者　无問而自説　稱歎所行道
智慧甚微妙　諸佛之所得　无漏諸羅漢　及求涅槃者
今皆墮疑網　佛何故説是　其求緣覺者　比丘比丘尼
諸天龍鬼神　及乹闥婆等　相視懷猶豫　瞻仰兩足尊

是事為云何　願佛為解說　於諸聲聞衆　佛說我第一
我今自於智　疑惑不能了　為是究竟法　為是所行道
佛口所生子　合掌瞻仰待　願出微妙音　時為如實說
諸天龍神等　其數如恒沙　求佛諸菩薩　大數有八万
又諸万億國　轉輪聖王至　合掌以敬心　欲聞具足道
尒時佛告舍利弗止止不須復說若說是事
一切世間諸天及人皆當驚疑舍利弗重白
佛言世尊唯願說之唯願說之所以者何是
會无數百千万億阿僧祇衆生曾見諸佛諸
根猛利智慧明了聞佛所說則能敬信尒時
舍利弗欲重宣此義而說偈言
法王无上尊　唯說願勿慮　是會无量衆　有能敬信者
佛復止舍利弗若說是事一切世間天人阿
脩羅皆當驚疑增上慢比丘將墜於大坑尒
時世尊重說偈言

時世尊重說偈言
止止不須說　我法妙難思　諸增上慢者　聞必不敬信
尒時舍利弗重白佛言世尊唯願說之唯願
說之今此會中如我等比百千万億世世已
曽從佛受化如此人等必能敬信長夜安隱多
所饒益尒時舍利弗欲重宣此義而說偈言
无上兩足尊　願說第一法　我為佛長子　唯垂分別說
是會无量衆　能敬信此法　佛已曽世世　教化如是等
皆一心合掌　欲聽受佛語　我等千二百　及餘求佛者
願為此衆故　唯垂分別說　是等聞此法　則生大歡喜
尒時世尊告舍利弗汝已慇勤三請豈得不
說汝今諦聽善思念之吾當為汝分別解說
說此語時會中有比丘比丘尼優婆塞優婆
夷五千人等即從座起礼佛而退所以者何
此輩罪根深重及增上慢未得謂得未證謂

證有如此失是以不住世尊嘿然而不制止
尒時佛告舍利弗我今此衆无復枝葉純有
貞實舍利弗如是增上慢人退亦佳矣汝今
善聽當為汝說舍利弗言唯然世尊願樂欲
聞佛告舍利弗如是妙法諸佛如來時乃說
之如優曇鉢華時一現耳舍利弗汝等當信
佛之所說言不虛妄舍利弗諸佛隨宜說法
意趣難解所以者何我以无數方便種種因
緣譬喻言辭演說諸法是法非思量分別之
所能解唯有諸佛乃能知之所以者何諸佛
世尊唯以一大事因緣故出現於世舍利弗
云何名諸佛世尊唯以一大事因緣故出現
於世諸佛世尊欲令衆生開佛知見使得清
淨故出現於世欲示衆生佛知見故出現於
世欲令衆生悟佛知見故出現於世欲令衆

世欲令衆生悟佛知見故出現於世欲令衆
生入佛知見道故出現於世舍利弗是為説
佛以一大事因緣故出現於世佛告舍利弗
諸佛如来但教化菩薩諸有所作常為一事
唯以佛之知見示悟衆生舍利弗如来但以
一佛乘故為衆生説法无有餘乘若二若三
舍利弗一切十方諸佛法亦如是舍利弗過
去諸佛以无量无數方便種種因緣譬喻言
辭而為衆生演説諸法是法皆為一佛乘故
是諸衆生從諸佛聞法究竟皆得一切種智
舍利弗未来諸佛當出於世亦以无量无數
方便種種因緣譬喻言辭而為衆生演説諸
法是法皆為一佛乘故是諸衆生從佛聞法
究竟皆得一切種智舍利弗現在十方无量
百千万億佛土中諸佛世尊多所饒益安樂

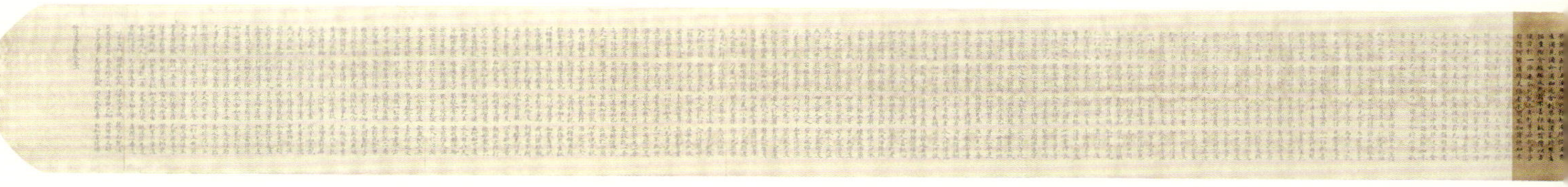

衆生是諸佛亦以无量无數方便種種因緣
譬喻言辭而為衆生演說諸法是法皆為一
佛乘故是諸衆生從佛聞法究竟皆得一切
種智舍利弗是諸佛但教化菩薩欲以佛之
知見示衆生故欲以佛之知見悟衆生故欲
令衆生入佛之知見故舍利弗我今亦復如
是知諸衆生有種種欲深心所著隨其本性
以種種因緣譬喻言辭方便力故而為說法
舍利弗如此皆為得一佛乘一切種智故舍
利弗十方世界中尚无二乘何況有三舍利
弗諸佛出於五濁惡世所謂劫濁煩惱濁衆
生濁見濁命濁如是舍利弗劫濁亂時衆生
垢重慳貪嫉妬成就諸不善根故諸佛以方
便力於一佛乘分別說三舍利弗若我弟子
自謂阿羅漢辟支佛者不聞不知諸佛如來

BD00105　妙法蓮華經卷一

佛方於一佛乘分別說三舍利弗若我弟子
自謂阿羅漢辟支佛者不聞不知諸佛如来
但教化菩薩事此非佛弟子非阿羅漢非辟
支佛又舍利弗是諸比丘比丘尼自謂已得
阿羅漢是最後身究竟涅槃便不復志求阿
耨多羅三藐三菩提當知此輩皆是增上慢
人所以者何若有比丘實得阿羅漢若不信
此法无有是處除佛滅度後現前无佛所以
者何佛滅度後如是等經受持讀誦解義者
是人難得若遇餘佛於此法中便得決了舍
利弗汝等當一心信解受持佛語諸佛如来
言无虛妄无有餘乘唯一佛乘尒時世尊欲
重宣此義而說偈言
比丘比丘尼　有懷增上慢　優婆塞我慢　優婆夷不信
如是四衆等　其數有五千　不自見其過　於戒有缺漏
護惜其瑕疵　是小智已出　衆中之糟糠　佛威德故去

斯人尠福德　不堪受是法　此衆无枝葉　唯有諸貞實
舍利弗善聽　諸佛所得法　无量方便力　而為衆生說
衆生心所念　種種所行道　若干諸欲性　先世善惡業
佛悉知是已　以諸緣譬喻　言辭方便力　令一切歡喜
或說脩多羅　伽陁及本事　本生未曾有　亦說於因緣
譬喻并祇夜　優波提舍經　鈍根樂小法　貪著於生死
於諸无量佛　不行深妙道　衆苦所惱亂　為是說涅槃
我設是方便　令得入佛慧　未曾說汝等　當得成佛道
所以未曾說　說時未至故　今正是其時　決定說大乘
我此九部法　隨順衆生說　入大乘為本　以故說是經
有佛子心淨　柔軟亦利根　无量諸佛所　而行深妙道
為此諸佛子　說是大乘經　我記如是人　來世成佛道
以深心念佛　脩持淨戒故　此等聞得佛　大喜充遍身
佛知彼心行　故為說大乘　聲聞若菩薩　聞我所說法
乃至於一偈　皆成佛无疑　十方佛土中　唯有一乘法

BD00105　妙法蓮華經卷一

乃至於一偈　皆成佛无疑　十方佛土中　唯有一乘法
无二亦无三　除佛方便說　但以假名字　引導於衆生
說佛智慧故　諸佛出於世　唯此一事實　餘二則非真
終不以小乘　濟度於衆生　佛自住大乘　如其所得法
定慧力莊嚴　以此度衆生　自證无上道　大乘平等法
若以小乘化　乃至於一人　我則墮慳貪　此事為不可
若人信歸佛　如来不欺誑　亦无貪嫉意　斷諸法中惡
故佛於十方　而獨无所畏　我以相嚴身　光明照世間
无量衆所尊　為說實相印　舍利弗當知　我本立誓願
欲令一切衆　如我等无異　如我昔所願　今者已滿足
化一切衆生　皆令入佛道　若我遇衆生　盡教以佛道
无智者錯亂　迷惑不受教　我知此衆生　未曾脩善本
堅著於五欲　癡愛故生惱　以諸欲因緣　墜墮三惡道
輪迴六趣中　備受諸苦毒　受胎之微形　世世常增長
薄德少福人　衆苦所逼迫　入邪見稠林　若有若无等

依止此諸見　具足六十二　深著虛妄法　堅受不可捨
我慢自矜高　諂曲心不實　於千万億劫　不聞佛名字
亦不聞正法　如是人難度　是故舍利弗　我為設方便
說諸盡苦道　示之以涅槃　我雖說涅槃　是亦非真滅
諸法從本來　常自寂滅相　佛子行道已　來世得作佛
我有方便力　開示三乘法　一切諸世尊　皆說一乘道
今此諸大眾　皆應除疑惑　諸佛語无異　唯一无二乘
過去无數劫　无量滅度佛　百千万億種　其數不可量
如是諸世尊　種種緣譬喻　无數方便力　演說諸法相
是諸世尊等　皆說一乘法　化无量眾生　令入於佛道
又諸大聖主　知一切世間　天人群生類　深心之所欲
更以異方便　助顯第一義　若有眾生類　值諸過去佛
若聞法布施　或持戒忍辱　精進禪智等　種種脩福德
如是諸人等　皆已成佛道　諸佛滅度已　若人善軟心
如是諸眾生　皆已成佛道　諸佛滅度已　供養舍利者

[illegible]

如是諸衆生　皆已成佛道　諸佛滅度已　供養舍利者
起万億種塔　金銀及頗梨　車磲與馬瑙　玫瑰瑠璃珠
清淨廣嚴飾　莊校於諸塔　或有起石廟　栴檀及沉水
木蜜并餘材　塼瓦泥土等　若於曠野中　種土成佛廟
乃至童子戲　聚沙爲佛塔　如是諸人等　皆已成佛道
若人爲佛故　建立諸形像　刻雕成衆相　皆已成佛道
或以七寶成　鍮石赤白銅　白鑞及鈆錫　鐵木及與泥
或以膠漆布　嚴飾作佛像　如是諸人等　皆已成佛道
彩畫作佛像　百福莊嚴相　自作若使人　皆已成佛道
乃至童子戲　若草木及筆　或以指爪甲　而畫作佛像
如是諸人等　漸漸積功德　具足大悲心　皆已成佛道
但化諸菩薩　度脫无量衆　若人於塔廟　寶像及畫像
以華香幡蓋　敬心而供養　若使人作樂　擊鼓吹角貝
簫笛琴箜篌　琵琶鐃銅鈸　如是衆妙音　盡持以供養
或以歡喜心　歌唄頌佛德　乃至一小音　皆已成佛道

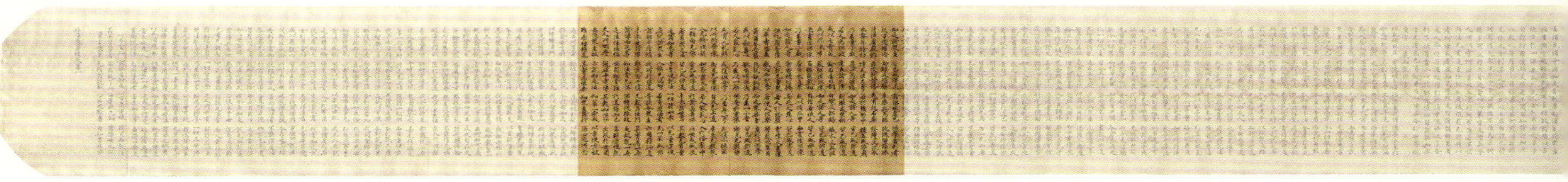

若人散亂心 乃至以一華 供養於畫像 漸見无數佛
或有人礼拜 或復但合掌 乃至舉一手 或復小低頭
以此供養像 漸見无量佛 自成无上道 廣度无數衆
入无餘涅槃 如薪盡火滅 若人散亂心 入於塔廟中
一稱南无佛 皆已成佛道 於諸過去佛 在世或滅後
若有聞是法 皆已成佛道 未來諸世尊 其數无有量
是諸如來等 亦方便說法 一切諸如來 以无量方便
度脫諸衆生 入佛无漏智 若有聞法者 无一不成佛
諸佛本誓願 我所行佛道 普欲令衆生 亦同得此道
未來世諸佛 雖說百千億 无數諸法門 其實為一乘
諸佛兩足尊 知法常无性 佛種從緣起 是故說一乘
是法住法位 世間相常住 於道場知已 導師方便說
天人所供養 現在十方佛 其數如恒沙 出現於世間
安隱衆生故 亦說如是法 知第一寂滅 以方便力故
雖示種種道 其實為佛乘 知衆生諸行 深心之所念

雖示種種道　其實為佛乘　知衆生諸行　深心之所念
過去所習業　欲性精進力　及諸根利鈍　以種種因緣
譬喻亦言辭　隨應方便說　今我亦如是　安隱衆生故
以種種法門　宣示於佛道　我以智慧力　知衆生性欲
方便說諸法　皆令得歡喜　舍利弗當知　我以佛眼觀
見六道衆生　貧窮无福慧　入生死險道　相續苦不斷
深著於五欲　如犛牛愛尾　以貪愛自蔽　盲瞑无所見
不求大勢佛　及與斷苦法　深入諸邪見　以苦欲捨苦
為是衆生故　而起大悲心　我始坐道場　觀樹亦經行
於三七日中　思惟如是事　我所得智慧　微妙最第一
衆生諸根鈍　著樂癡所盲　如斯之等類　云何而可度
尒時諸梵王　及諸天帝釋　護世四天王　及大自在天
并餘諸天衆　眷屬百千万　恭敬合掌礼　請我轉法輪
我即自思惟　若但讚佛乘　衆生沒在苦　不能信是法
破法不信故　墜於三惡道　我寧不說法　疾入於涅槃

尋念過去佛　所行方便力　我今所得道　亦應說三乘
作是思惟時　十方佛皆現　梵音慰喻我　善哉釋迦文
第一之導師　得是无上法　隨諸一切佛　而用方便力
我等亦皆得　最妙第一法　為諸衆生類　分別說三乘
少智樂小法　不自信作佛　是故以方便　分別說諸果
雖復說三乘　但為教菩薩　舍利弗當知　我聞聖師子
深淨微妙音　喜稱南无佛　復作如是念　我出濁惡世
如諸佛所說　我亦隨順行　思惟是事已　即趣波羅柰
諸法寂滅相　不可以言宣　以方便力故　為五比丘說
是名轉法輪　便有涅槃音　及以阿羅漢　法僧差別名
從久遠劫來　讚示涅槃法　生死苦永盡　我常如是說
舍利弗當知　我見佛子等　志求佛道者　无量千万億
咸以恭敬心　皆來至佛所　曾從諸佛聞　方便所說法
我即作是念　所以出於世　為說佛慧故　今正是其時
舍利弗當知　鈍根小智人　著相憍慢者　不能信是法

舍利弗當知　鈍根小智人　著相憍慢者　不能信是法
今我喜无畏　於諸菩薩中　正直捨方便　但說无上道
菩薩聞是法　疑網皆已除　千二百羅漢　悉亦當作佛
如三世諸佛　說法之儀式　我今亦如是　說无分別法
諸佛興出世　懸遠值遇難　正使出于世　說是法復難
无量无數劫　聞是法亦難　能聽是法者　斯人亦復難
譬如優曇華　一切皆愛樂　天人所希有　時時乃一出
聞法歡喜讚　乃至發一言　則為已供養　一切三世佛
是人甚希有　過於優曇華　汝等勿有疑　我為諸法王
普告諸大衆　但以一乘道　教化諸菩薩　无聲聞弟子
汝等舍利弗　聲聞及菩薩　當知是妙法　諸佛之祕要
以五濁惡世　但樂著諸欲　如是等衆生　終不求佛道
當來世惡人　聞佛說一乘　迷惑不信受　破法墮惡道
有慚愧清淨　志求佛道者　當為如是等　廣讚一乘道
利弗當知　諸佛法如是　以万億方便　隨宜而說法

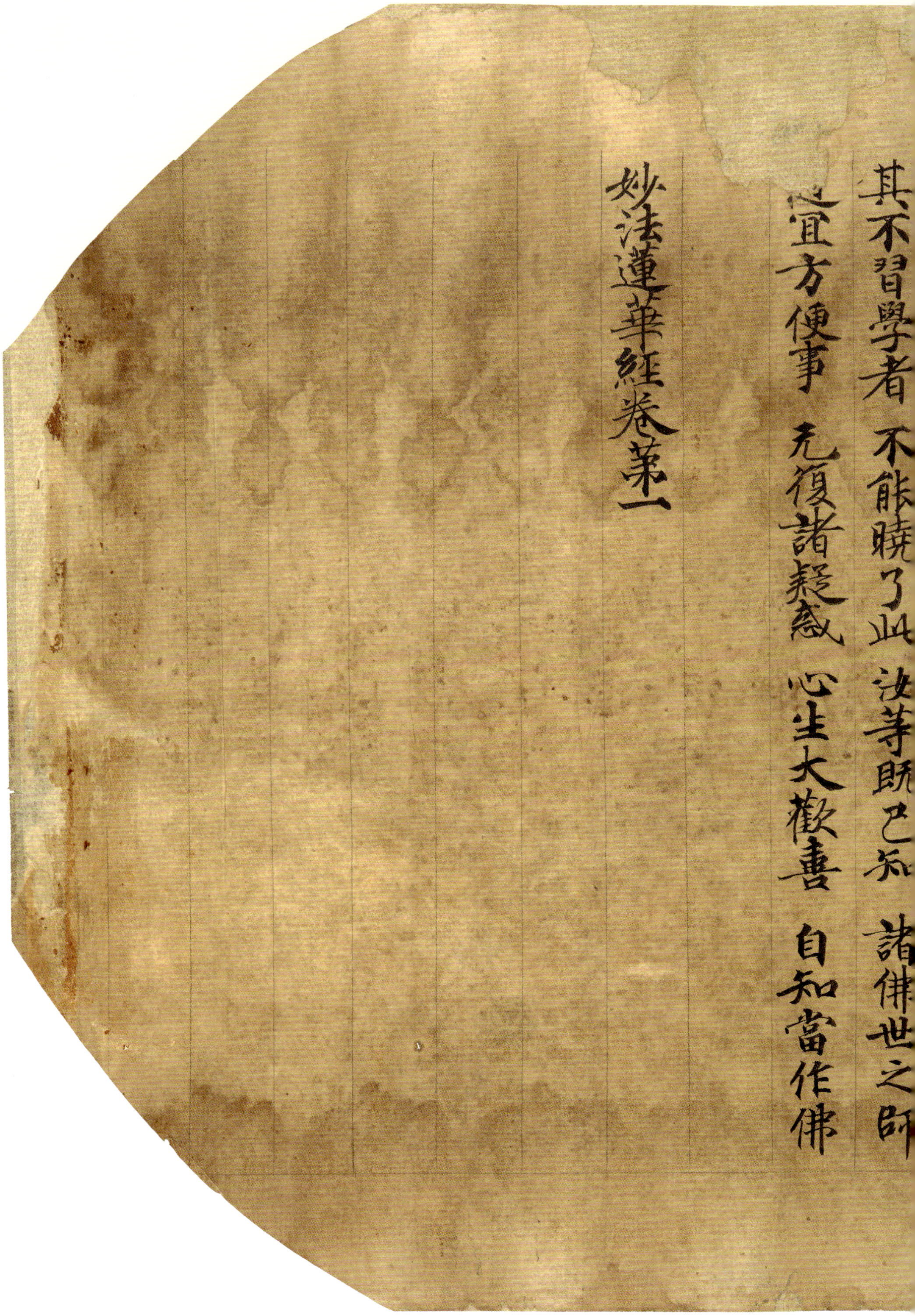

其不習學者　不能曉了此　汝等既已知　諸佛世之師
隨宜方便事　无復諸疑惑　心生大歡喜　自知當作佛

妙法蓮華經卷第一

BD00105　妙法蓮華經卷一

BD00106

# 金剛般若波羅蜜經

（後秦）鳩摩羅什 譯

184.5cm × 26.7cm

施其福德不可思量須菩
何東方虛空可思量不不也世尊
提南西北方四維上下虛空可思量不不
也世尊須菩提菩薩无住相布施福德亦復
如是不可思量須菩提菩薩但應如所教住
須菩提於意云何可以身相見如來不不也
世尊不可以身相得見如來何以故如來所
說身相即非身相佛告須菩提凡所有相皆
是虛妄若見諸相非相則見如來
須菩提白佛言世尊頗有衆生得聞如是言
說章句生實信不佛告須菩提莫作是說如
來滅後後五百歲有持戒脩福者於此章句
能生信心以此爲實當知是人不於一佛二

佛三四五佛而種善根已於无量千萬佛所
種諸善根聞是章句乃至一念生淨信者須
菩提如來悉知悉見是諸衆生得如是无量
福德何以故是諸衆生无復我相人相衆生
相壽者相无法相亦无非法相何以故是諸
衆生若心取相則爲著我人衆生壽者若取
法相即著我人衆生壽者何以故若取非法
相即著我人衆生壽者是故不應取法不應
取非法以是義故如來常說汝等比丘知我說
法如筏喻者法尚應捨何况非法
須菩提於意云何如來得阿耨多羅三藐三
菩提耶如來有所說法耶須菩提言如我解
佛所說義无有定法名阿耨多羅三藐三菩
提亦无有定法如來可說何以故如來所說法

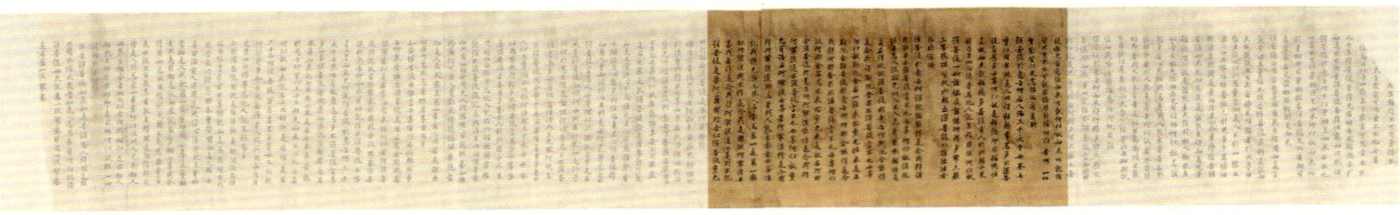

提亦无有定法如來可說何以故如來所說法
皆不可取不可說非法非非法所以者何一切
賢聖皆以无爲法而有差別
須菩提於意云何若人滿三千大千世界七
寶以用布施是人所得福德寧爲多不須菩
提言甚多世尊何以故是福德即非福德性
是故如來說福德多若復有人於此經中受
持乃至四句偈等爲他人說其福勝彼何以故
須菩提一切諸佛及諸佛阿耨多羅三藐
三菩提法皆從此經出須菩提所謂佛法者
即非佛法
須菩提於意云何須陀洹能作是念我得須
陀洹果不須菩提言不也世尊何以故須陀
洹名爲入流而无所入不入色聲香味觸法是

是名須陁洹須菩提於意云何斯陁含能作
是念我得斯陁含果不須菩提言不也世尊
何以故斯陁含名一往來而實无往來是名
斯陁含須菩提於意云何阿那含能作是念
我得阿那含果不須菩提言不也世尊何以
故阿那含名為不來而實无來是故名阿那
含須菩提於意云何阿羅漢能作是念我得
阿羅漢道不須菩提言不也世尊何以故實
无有法名阿羅漢世尊若阿羅漢作是念我
得阿羅漢道即為著我人衆生壽者世尊佛
說我得无諍三昧人中最為第一是第一離
欲阿羅漢我不作是念我是離欲阿羅漢世
尊我若作是念我得阿羅漢道世尊則不說
須菩提是樂阿蘭那行者以須菩提實无

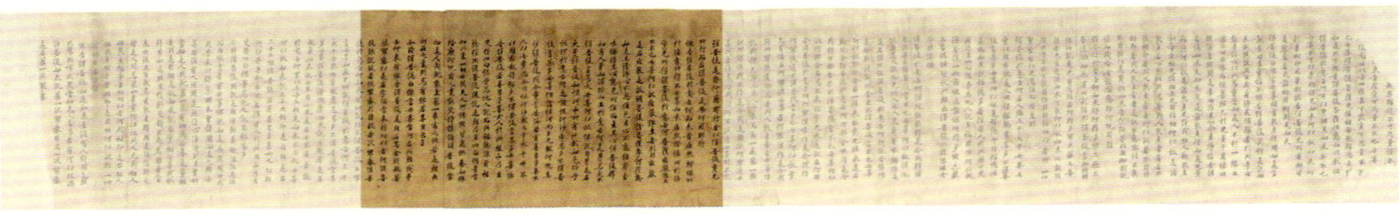

須菩提是樂阿蘭那行者以須菩提實无
所行而名須菩提是樂阿蘭那行
佛告須菩提於意云何如來昔在然燈佛所
於法有所得不世尊如來在然燈佛所於法
實无所得須菩提於意云何菩薩莊嚴佛土
不不也世尊何以故莊嚴佛土者則非莊嚴
是名莊嚴是故須菩提諸菩薩摩訶薩應
如是生清淨心不應住色生心不應住聲香
味觸法生心應无所住而生其心須菩提譬
如有人身如須弥山王於意云何是身為大不
須菩提言甚大世尊何以故佛說非身是名
大身須菩提如恒河中所有沙數如是沙等
恒河於意云何是諸恒河沙寧為多不須菩
提言甚多世尊但諸恒河尚多无數可兄其

沙須菩提我今實言告汝若有善男子善女
人以七寶滿尒所恒河沙數三千大千世界
以用布施得福多不須菩提言甚多世尊佛
告須菩提若善男子善女人於此經中乃至
受持四句偈等為他人說而此福德勝前福
德復次須菩提隨說是經乃至四句偈等當
知此處一切世間天人阿脩羅皆應供養如佛
塔廟何況有人盡能受持讀誦須菩提當
知是人成就最上第一希有之法若是經典
所在之處則為有佛若尊重弟子
尒時須菩提白佛言世尊當何名此經我等
云何奉持佛告須菩提是經名為金剛般若
波羅蜜以是名字汝當奉持所以者何須菩
提佛說般若波羅蜜則非般若波羅蜜須菩

提佛説般若波羅蜜則非般若波羅蜜須菩
提於意云何如来有所説法不須菩提白佛
言世尊如来无所説須菩提於意云何三千
大千世界所有微塵是為多不須菩提言甚
多世尊須菩提諸微塵如来説非微塵是名
微塵如来説世界非世界是名世界須菩提
於意云何可以三十二相見如来不不也世尊
何以故如来説三十二相即是非相是名
三十二相須菩提若有善男子善女人以恒
河沙等身命布施若復有人於此經中乃至
受持四句偈等為他人説其福甚多
尒時須菩提聞説是經深解義趣涕淚悲泣
而白佛言希有世尊佛説如是甚深經典我
從昔来所得慧眼未曾得聞如是之經世

尊若復有人得聞是經信心清淨則生實相
當知是人成就第一希有功德世尊是實相
者則是非相是故如來說名實相世尊我今
得聞如是經典信解受持不足爲難若當
來世後五百歲其有衆生得聞是經信解受
持是人則爲第一希有何以故此人无我相人
相衆生相壽者相所以者何我相即是非相人
相衆生相壽者相即是非相何以故離一切
諸相則名諸佛
佛告須菩提如是如是若復有人得聞是經
不驚不怖不畏當知是人甚爲希有何以故須
菩提如來說第一波羅蜜非第一波羅蜜
是名第一波羅蜜

# BD00107 妙法蓮華經卷六

（後秦）鳩摩羅什 譯

349.2cm × 26cm

得好
天宮若復有人於講法處坐更有人來
勸令坐聽若分座令坐是人功德轉身得帝
釋坐處若梵王坐處若轉輪聖王所坐之處
阿逸多若復有人語餘人言有經名法華可
共往聽即受其教乃至須臾間聞是人功德
轉身得與陀羅尼菩薩共生一處利根智慧
百千万世終不瘖瘂口氣不臭舌常无病口
亦无病齒不垢黑不黄不踈亦不缺落不差
不曲脣不下垂亦不褰縮不麁澁不瘡胗亦
不缺壞亦不喎斜不厚不大亦不黧黑无諸可
惡鼻不匾㔸亦不曲戾面色不黑亦不狹長
亦不窊曲无有一切不可喜相脣舌牙齒悉
皆嚴好鼻脩高直面貌圓滿眉高而長額

廣平正人相具足世世所生見佛聞法信受
教誨阿逸多汝且觀是勸於一人令往聽法
功德如此何況一心聽說讀誦而於大衆為
人分別如說修行尒時世尊欲重宣此義而
說偈言
若人於法會　得聞是經典　乃至於一偈　隨喜為他說
如是展轉教　至于第五十　最後人獲福　今當分別之
如有大施主　供給无量衆　具滿八十歲　隨意之所欲
見彼衰老相　髮白而面皺　齒踈形枯竭　念其死不久
我今應當教　令得於道果　即為方便說　涅槃真實法
世皆不牢固　如水沫泡焰　汝等咸應當　疾生猒離心
諸人聞是法　皆得阿羅漢　具足六神通　三明八解脫
最後第五十　聞一偈隨喜　是人福勝彼　不可為譬喻
如是展轉聞　其福尚无量　何況於法會　初聞隨喜者

如是展轉聞　其福尚无量　何况於法會　初聞隨喜者
若有勸一人　將引聽法華　言此經深妙　千万劫難遇
即受教往聽　乃至須臾聞　斯人之福報　今當分別說
世世无口患　齒不疎黃黑　脣不厚褰缺　无有可惡相
舌不乾黑短　鼻高脩且直　額廣而平正　面目悉端嚴
為人所喜見　口氣无臭穢　優鉢華之香　常從其口出
若故詣僧坊　欲聽法華經　須臾聞歡喜　今當說其福
後生天人中　得妙象馬車　珎寶之輦輿　及乘天宮殿
若於講法處　勸人坐聽經　是福因緣得　釋梵轉輪座
何况一心聽　解說其義趣　如說而脩行　其福不可量

妙法蓮華經法師功德品第十九

尒時佛告常精進菩薩摩訶薩若善男子善
女人受持是法華經若讀若誦若解說若書
寫是人當得八百眼功德千二百耳功德八

百鼻功德千二百舌功德八百身功德千二
百意功德以是功德庄嚴六根皆令清淨是
善男子善女人父母所生清淨肉眼見於三
千大千世界內外所有山林河海下至阿鼻
地獄上至有頂亦見其中一切衆生及業因
緣果報生處悉見悉知尒時世尊欲重宣此
義而說偈言
若於大衆中　以无所畏心　說是法華經　汝聽其功德
是人得八百　功德殊勝眼　以是莊嚴故　其目甚清淨
父母所生眼　悉見三千界　內外弥樓山　須弥及鐵圍
并諸餘山林　大海江河水　下至阿鼻獄　上至有頂處
其中諸衆生　一切皆悉見　雖未得天眼　肉眼力如是
復次常精進若善男子善女人受持此經若
讀若誦若解說若書寫得千二百耳功德以

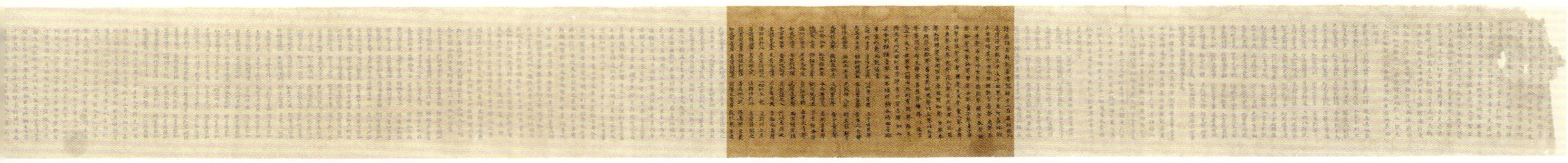

讀若誦若解說若書寫得千二百耳功德以
是清淨耳聞三千大千世界下至阿鼻地獄
上至有頂其中內外種種語言音聲象聲馬
聲牛聲車聲啼哭聲愁歎聲螺聲鼓聲鍾
聲鈴聲咲聲語聲男聲女聲童子聲童子聲
法聲非法聲苦聲樂聲凡夫聲聖人聲喜聲
不喜聲天聲龍聲夜叉聲乾闥婆聲阿修羅
聲迦樓羅聲緊那羅聲摩睺羅伽聲火聲水
聲風聲地獄聲畜生聲餓鬼聲比丘聲比丘尼
聲聲聞聲辟支佛聲菩薩聲佛聲以要言
之三千大千世界中一切內外所有諸聲雖未
得天耳以父母所生清淨常耳皆悉聞知如
是分別種種音聲而不壞耳根尒時世尊欲
重宣此義而說偈言

父母所生耳　清淨无濁穢　以此常耳聞　三千世界聲
象馬車牛聲　鍾鈴螺鼓聲　琴瑟箜篌聲　簫笛之音聲
清淨好歌聲　聽之而不著　无數種人聲　聞悉能解了
又聞諸天聲　微妙之歌音　及聞男女聲　童子童女聲
山川嶮谷中　迦陵頻伽聲　命命等諸鳥　悉聞其音聲
地獄衆苦痛　種種楚毒聲　餓鬼飢渴逼　求索飲食聲
諸阿修羅等　居在大海邊　自共語言時　出于大音聲
如是說法者　安住於此間　遙聞是衆聲　而不壞耳根
十方世界中　禽獸鳴相呼　其說法之人　於此悉聞之
其諸梵天上　光音及遍淨　乃至有頂天　言語之音聲
法師住於此　悉皆得聞之　一切比丘衆　及諸比丘尼
若讀誦經典　若為他人說　法師住於此　悉皆得聞之
復有諸菩薩　讀誦於經法　若為他人說　撰集解其義
如是諸音聲　悉皆得聞之　諸佛大聖尊　教化衆生者

復有諸菩薩　讀誦於經法　若為他人說　撰集解其義
如是諸音聲　悉皆得聞之　諸佛大聖尊　教化衆生者
於諸大會中　演說微妙法　持此法華者　悉皆得聞之
三千大千界　內外諸音聲　下至阿鼻獄　上至有頂天
皆聞其音聲　而不壞耳根　其耳聰利故　悉能分別知
持是法華者　雖未得天耳　但用所生耳　功德已如是
復次常精進若善男子善女人受持是經若
讀若誦若解說若書寫成就八百鼻功德以
是清淨鼻根聞於三千大千世界上下內外
種種諸香須曼那華香闍提華香末利華
香瞻蔔華香波羅羅華香赤蓮華香青蓮華
香白蓮華香華樹香菓樹香栴檀香沈水香
多摩羅跋香多伽羅香及千万種和香若末若
丸若塗香持是經者於此間住悉能分別又
復別知衆生之香象香馬香牛羊等香男香

女香童子香童女香及草木叢林香若近若
遠所有諸香悉皆得聞分別不錯持是經者
雖住於此亦聞天上諸天之香波利質多羅
拘鞞陁羅樹香及曼陁羅華香摩訶曼陁
羅華香曼殊沙華香摩訶曼殊沙華香栴檀
沉水種種末香諸雜華香如是等天香和合所
出之香无不聞知又聞諸天身香釋提桓因在
勝殿上五欲娛樂嬉戲時香若在妙法堂上
為忉利諸天說法時香若於諸園遊戲時香
及餘天等男女身香皆悉遙聞如是展轉
乃至梵世上至有頂諸天身香亦皆聞之并
聞諸天所燒之香及聲聞香辟支佛香菩薩
香諸佛身香亦皆遙聞知其所在雖聞此香
然於鼻根不壞不錯若欲分別為他人說憶

然於鼻根不壞不錯若欲分別爲他人說憶
念不謬尒時世尊欲重宣此義而說偈言
是人鼻清淨 於此世界中 若香若臭物 種種悉聞知
須曼那闍提 多摩羅栴檀 沉水及桂香 種種華菓香
及知衆生香 男子女人香 說法者遠住 聞香知所在
大勢轉輪王 小轉輪及子 羣臣諸宫人 聞香知所在
身所著珎寶 及地中寶藏 轉輪王寶女 聞香知所在
諸人嚴身具 衣服及瓔珞 種種所塗香 聞香知其身
諸天若行坐 遊戲及神變 持是法華經 聞香悉能知
諸樹華菓實 及蘇油香氣 持經者住此 悉知其所在
諸山深嶮處 栴檀樹華敷 衆生在中者 聞香皆能知
鐵圍山大海 地中諸衆生 持經者聞香 悉知其所在
阿脩羅男女 及其諸眷屬 鬪爭遊戲時 聞香皆能知
曠野嶮隘處 師子象虎狼 野牛水牛等 聞香知所在

若有懷妊者　未辯其男女　无根及非人　聞香悉能知
以聞香力故　知其初懷妊　成就不成就　安樂產福子
以聞香力故　知男女所念　染欲癡恚心　亦知修善者
地中衆伏藏　金銀諸珍寶　銅器之所盛　聞香悉能知
種種諸瓔珞　无能識其價　聞香知貴賤　出處及所在
天上諸華等　曼陁曼殊沙　波利質多樹　聞香悉能知
天上諸宮殿　上中下差別　衆寶華庄嚴　聞香悉能知
天園林勝殿　諸觀妙法堂　在中而娛樂　聞香悉能知
諸天若聽法　或受五欲時　來往行坐卧　聞香悉能知
天女所著衣　好華香庄嚴　周旋遊戲時　聞香悉能知
如是展轉上　乃至於梵世　入禪出禪者　聞香悉能知
光音遍淨天　乃至于有頂　初生及退沒　聞香悉能知
諸比丘衆等　於法常精進　若坐若經行　及讀誦經法
或在林樹下　專精而坐禪　持經者聞香　悉知其所在

BD00107　妙法蓮華經卷六

或在林樹下　專精而坐禪　持經者聞香　悉知其所在
菩薩志堅固　坐禪若讀經　或為人說法　聞香悉能知
在在方世尊　一切所恭敬　愍衆而說法　聞香悉能知
衆生在佛前　聞經皆歡喜　如法而修行　聞香悉能知
雖未得菩薩　无漏法生鼻　而是持經者　先得此鼻相
復次常精進若善男子善女人受持是經若
讀若誦若解說若書寫得千二百舌功德若
好若醜若美不美及諸苦澁物在其舌根皆
變成上味如天甘露无不美者若以舌根於
大衆中有所演說出深妙聲能入其心皆令
歡喜快樂又諸天子天女釋梵諸天聞是深
妙音聲有所演說言論次第皆悉來聽及諸
龍龍女夜叉夜叉女乾闥婆乾闥婆女阿修羅
阿修羅女迦樓羅迦樓羅女緊那羅緊那羅

女摩睺羅伽摩睺羅伽女為聽法故皆來
親近恭敬供養及比丘比丘尼優婆塞優婆夷
國王王子羣臣眷屬小轉輪王大轉輪王七寶
千子內外眷屬乘其宮殿俱來聽法以是菩
薩善說法故婆羅門居士國內人民盡其
形壽隨侍供養又諸聲聞辟支佛菩薩諸
佛常樂見之是人所在方面諸佛皆向其處
說法悉能受持一切佛法又能出於深妙法
音尒時世尊欲重宣此義而說偈言

是人舌根淨　終不受惡味　其有所食噉　悉皆成甘露
以深淨妙聲　於大眾說法　以諸因緣喻　引道眾生心
聞者皆歡喜　設諸上供養　諸天龍夜叉　及阿修羅等
皆以恭敬心　而共來聽法　是說法之人　若欲以妙音
遍滿三千界　隨意即能至　大小轉輪王　及千子眷屬

遍滿三千界 隨意即能至 大小轉輪王 及千子眷屬
合掌恭敬心 常来聽受法 諸天龍夜叉 羅刹毗舍闍
亦以歡喜心 常樂来供養 梵天王魔王 自在大自在
如是諸天衆 常来至其所 諸佛及弟子 聞其說法音
常念而守護 或時為現身
復次常精進若善男子善女人受持是經若
讀若誦若解說若書寫得八百身功德得清
淨身如淨瑠璃衆生憙見其身淨故三千大
千世界衆生生時死時上下好醜生善處惡
處悉於中現及鐵圍山大鐵圍山弥樓山摩
訶弥樓山等諸山及其中衆生悉於中現下至
阿鼻地獄上至有頂所有及衆生悉於中現若
聲聞辟支佛菩薩諸佛說法皆於身中現
其色像尒時世尊欲重宣此義而說偈言

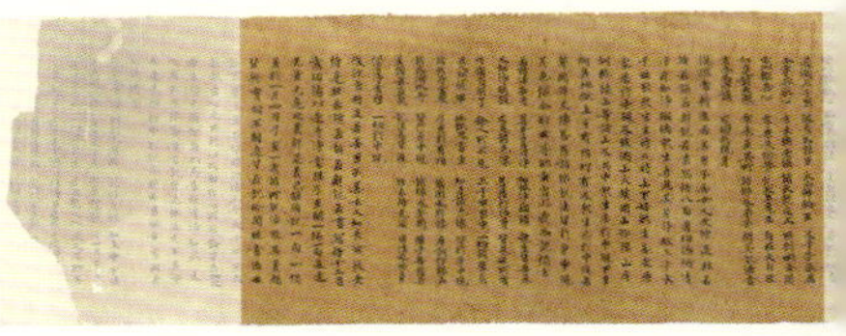

若持法華者　其身甚清淨　如彼淨瑠璃　衆生皆喜見
又如淨明鏡　悉見諸色像　菩薩於淨身　皆見世所有
唯獨自明了　餘人所不見　三千世界中　一切諸群萌
天人阿修羅　地獄鬼畜生　如是諸色像　皆於身中現
諸天等宮殿　乃至於有頂　鐵圍及弥樓　摩訶弥樓山
諸大海水等　皆於身中現　諸佛及聲聞　佛子菩薩等
若獨若在衆　說法悉皆現　雖未得无漏　法性之妙身
以清淨常體　一切於中現
復次常精進若善男子善女人如來滅後受
持是經若讀若誦若解說若書寫得千二百
意功德以是清淨意根乃至聞一偈一句通達
无量无邊之義解是義已能演說一句一偈
至於一月四月乃至一歲諸所說法隨其義趣
皆與實相不相違背若說俗間經書治世

BD00107　妙法蓮華經卷六

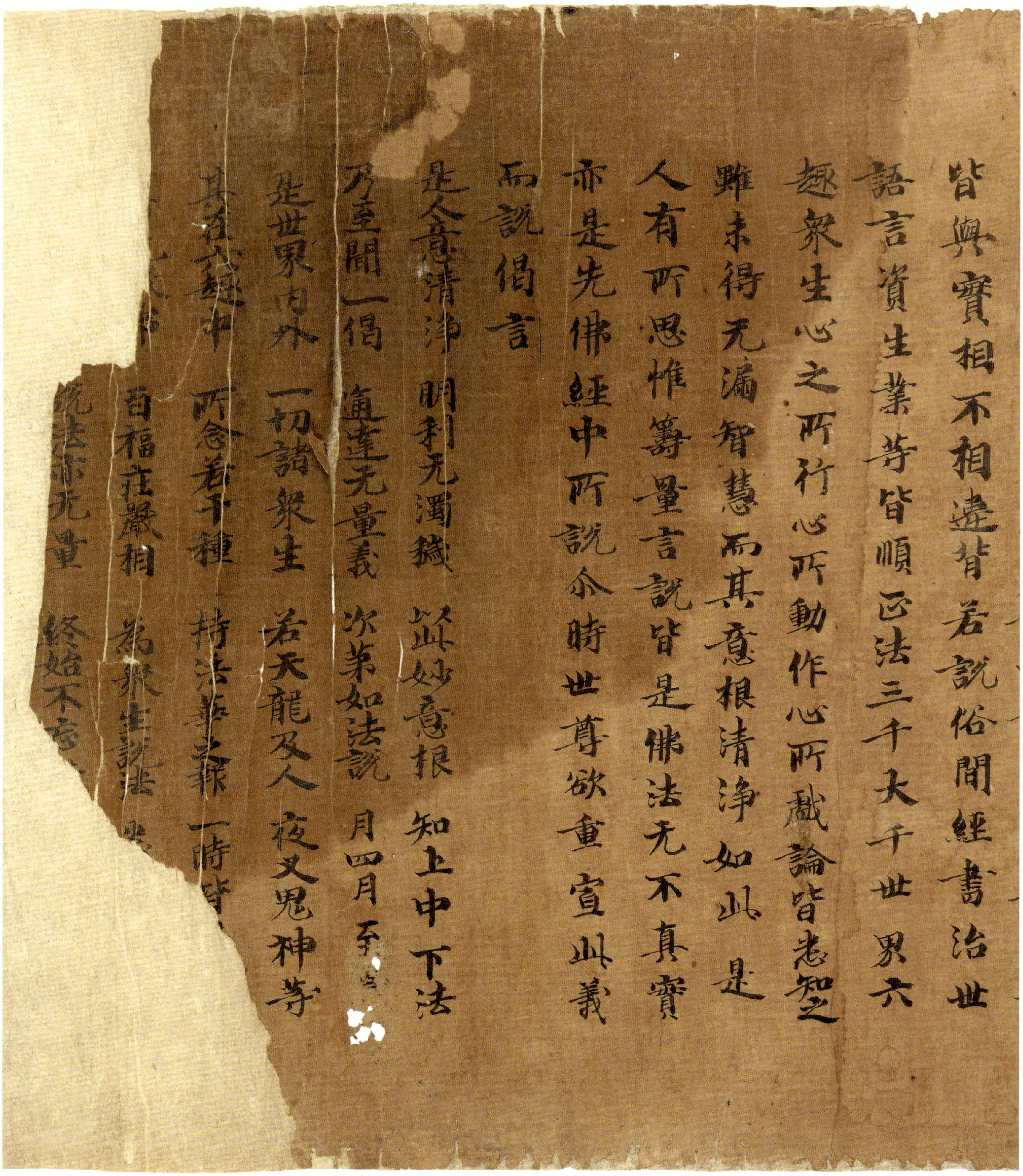

皆與實相不相違背若說俗間經書治世
語言資生業等皆順正法三千大千世界六
趣眾生心之所行心所動作心所戲論皆悉知之
雖未得无漏智慧而其意根清淨如此是
人有所思惟籌量言說皆是佛法无不真實
亦是先佛經中所說尒時世尊欲重宣此義
而說偈言
是人意清淨　明利无穢濁　以此妙意根　知上中下法
乃至聞一偈　通達无量義　次第如法說　月四月至
是世界內外　一切諸眾生　若天龍及人　夜叉鬼神等
其在六趣中　所念若干種　持法華之報　一時皆
佛　百福莊嚴相　為眾生說法　悉
說法亦无量　終始不忘

BD00108-1　菩薩戒序

BD00108-2　梵網經盧舍那佛說菩薩心地戒品第十卷下

（後秦）鳩摩羅什 譯

BD00108v　雜寫

771.3cm × 26.5cm

菩薩戒序
德優婆塞優婆夷等諦聽諦
應當尊重珎敬波羅提木叉波羅
此戒時如暗遇明如貧人得寶如病
遠行者得歸當知此戒則是衆等々
怖心難生善心難發故云莫輕小罪以爲无殃水滴雖微漸
盈大器剎那造罪殃墮无間一失人身万劫不復壯色不停
如奔馬人命无常過於山水今日雖存明亦難保[illegible]
衆等應當各各一心勤脩精進慎勿懈怠懶惰睡眠縱意
則攝心存念三寶莫以空過徒失疲勞後大深悔終无所得
衆等二謹依此戒如法脩行
我今盧舍那　方坐蓮華臺　周匝千華上　復現千釋迦
一華百億國　一國一釋迦　各坐菩提樹　一時成佛道
如是千百億　盧舍那本身　千百億釋迦　各接微塵衆

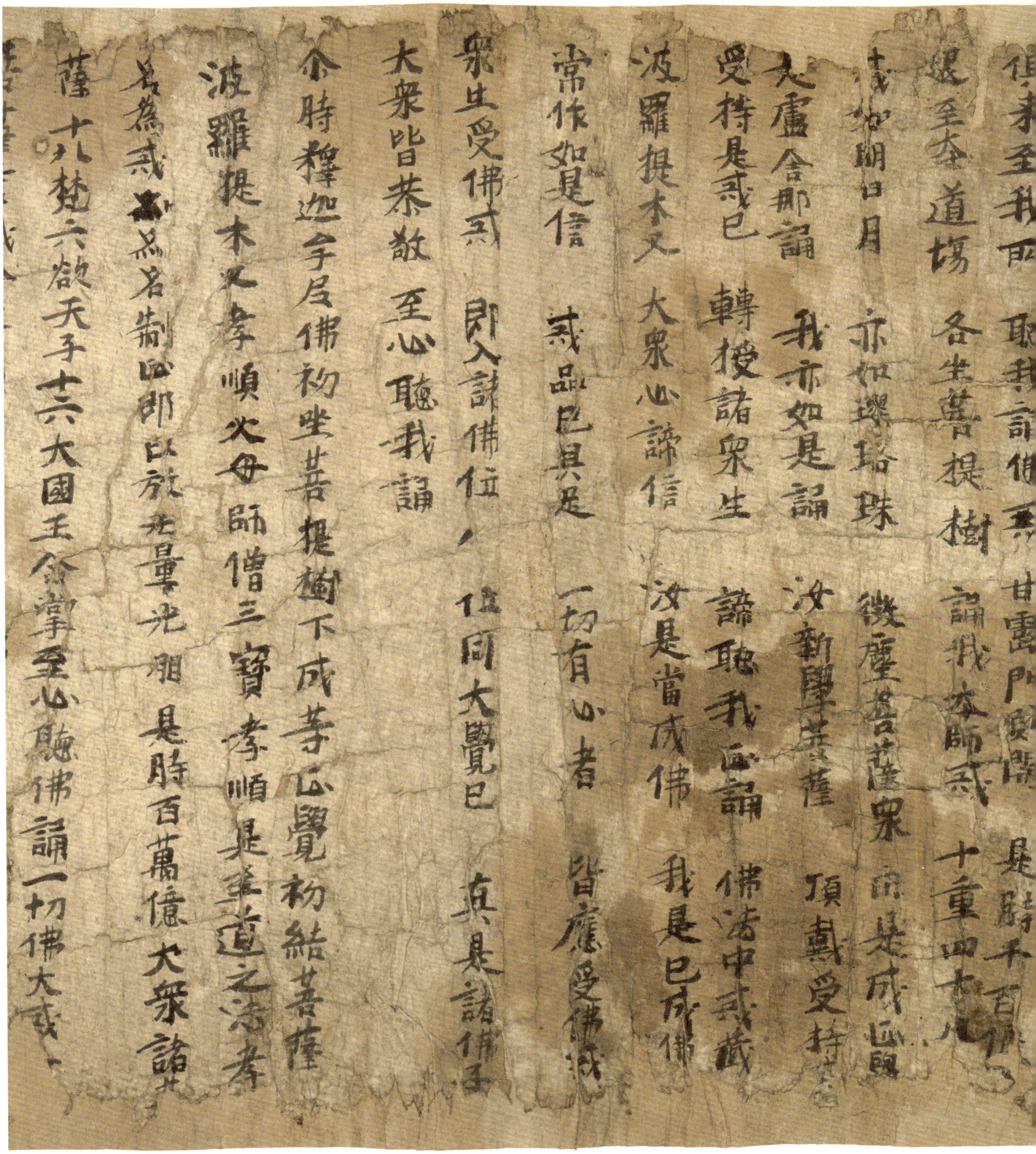

偈未至我所　聽我誦佛戒　甘露門則開　是時千百億
還至本道場　各坐菩提樹　誦我本師戒　十重四十八
戒如明日月　亦如瓔珞珠　微塵菩薩衆　由是成正覺
是盧舍那誦　我亦如是誦　汝新學菩薩　頂戴受持戒
受持是戒已　轉授諸衆生　諦聽我正誦　佛法中戒藏
波羅提木叉　大衆心諦信　汝是當成佛　我是已成佛
常作如是信　戒品已具足　一切有心者　皆應受佛戒
衆生受佛戒　即入諸佛位　位同大覺已　真是諸佛子
大衆皆恭敬　至心聽我誦
爾時釋迦牟尼佛初坐菩提樹下成無上正覺初結菩薩
波羅提木叉孝順父母師僧三寶孝順至道之法孝
名爲戒亦名制止即口放無量光明　是時百萬億大衆諸
菩薩十八梵六欲天子十六大國王合掌至心聽佛誦一切佛大乘戒

BD00108－1　菩薩戒序　　　BD00108－2　梵網經盧舍那佛説菩薩心地戒品第十卷下

薩十八梵六欲天子十六大國王合掌至心聽佛誦一切佛大戒
菩薩言我今半月半月自誦諸佛法戒汝等一切發心菩薩
亦誦乃至十發趣十長養十金剛十地諸菩薩亦誦是故戒
光從口出有緣非无因故光光非青黃赤白黑非色非心非有非
无非因果法諸佛之本原行菩薩道之根本是大眾諸佛子
之根本是眾諸佛子應受持應讀誦善學諸佛子諦聽
若受佛戒者國王王子百官宰相比丘比丘尼十八梵六欲天
子庶民黃門婬男婬女奴婢八部鬼神金剛神畜生乃至
變化人但解法師語盡受得戒皆名第一清淨者佛告
諸佛子言有十重波羅提木叉若受菩薩戒不誦此戒者
非菩薩非佛種子我亦如是誦一切菩薩已學一切菩薩當學
一切菩薩今學我已略說菩薩波羅提木叉相貌
是事皆應當學敬心奉行
佛告佛子若自殺教人殺方便殺讚嘆殺見作隨喜乃至呪殺
殺因殺緣殺法殺業乃至一切有命者不得故殺是菩薩當

起常住慈悲心孝順心方便救護而反自恣心快意殺生者是
波羅夷罪
若佛子自盜教人盜方便盜呪盜盜因盜緣盜法盜業乃至
鬼神有主物劫賊物一切財物一針一草不得故盜而菩薩應
生佛性孝順心慈悲心常助一切人生福生樂而反更盜人
物者是菩薩波羅夷罪
若佛子自婬教人婬婬因婬緣婬法婬業一切女人不得故婬
而菩薩應生孝順心救度一切衆生以淨法與人而反更起一切
人婬不擇畜生乃至母女姊妹六親行婬无慈悲心者是菩薩
波羅夷罪
若佛子自妄語教人妄語方便妄語妄語因妄語緣妄語法
妄語業乃至不見言見見言不見身心妄語而菩薩常生正語
亦生一切衆生正語正見而反更生一切衆生邪語邪見邪業
者是菩薩波羅夷罪
若佛子自酤酒教人酤酒酤酒因酤酒緣酤酒法酤酒業一切
酒不得酤是酒起罪因緣而菩薩應生一切衆生明達之慧而

BD00108－2　梵網經盧舍那佛說菩薩心地戒品第十卷下

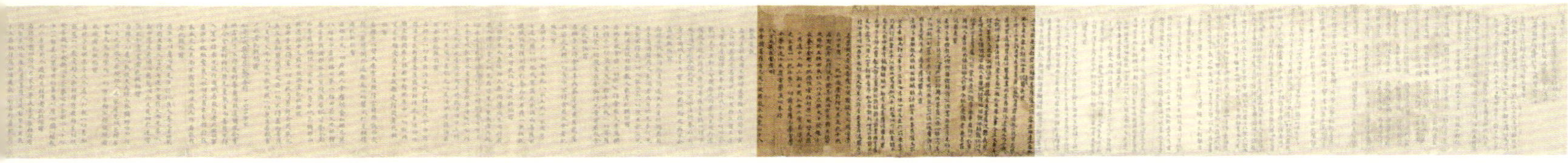

酒不得酤是酒起罪因緣而菩薩應生一切衆生明達之慧而
反更生衆生顛倒心者是菩薩波羅夷罪
若佛子口自說出家在家菩薩比丘比丘尼罪過教人說罪過罪
過因罪過緣罪過法罪過業而菩薩聞外道惡人及二乘
人說佛法中非法非律常生悲心教化是惡人輩令生大乘善
信而菩薩反更自說佛法中罪過者是菩薩波羅夷罪
若佛子口自讚毀他亦教人自讚毀他毀他因毀他緣毀他法毀
他業而菩薩應代一切衆生受加毀辱惡事自向己好事
與他人若自揚己德隱他人好事令他人受毀者是菩薩
波羅夷罪
若佛子自慳教人慳慳因慳緣慳法慳業而菩薩見一切貧
窮人來乞者隨前人須一切給與而菩薩以惡心瞋心乃至
不施一錢一針一草有求法者不為說一句一偈一微塵許法
而反更罵辱者是菩薩波羅夷罪
若佛子自瞋教人瞋瞋因瞋緣瞋法瞋業而菩薩應生一切
衆生善根無諍之事常生悲心孝順心而反更於一切衆生中

乃至於非眾生中以惡口罵辱加以手打及以刀杖意猶不
息前人求悔善言懺謝猶瞋不解者是菩薩波羅夷罪
若佛子自謗三寶教人謗三寶謗因謗緣謗法謗業而菩薩
見外道及以惡人一言謗佛音聲如三百鉾刺心況口自謗不生
信心孝順心而反更助惡人邪見人謗者是菩薩波羅夷
善學諸人者是菩薩十波羅提木叉應當學
於中不應一一犯如微塵許何況具足犯十戒
若有犯者不得現身發菩提心亦失國王位亦
失轉輪王位亦失比丘比丘尼位失十發趣十
長養十金剛十地佛性常住妙果一切皆失墮
三惡道中二劫三劫不聞父母三寶名字以
是不應一一犯汝等一切諸菩薩已學當學
今學如是十戒應當學敬心奉持
八万威儀品當廣明
佛告諸菩薩言已說十波羅提木叉竟四十八

BD00108-2　梵網經盧舍那佛說菩薩心地戒品第十卷下

八万威儀品當廣明

佛告諸菩薩言已說十波羅提木叉竟四十八
輕戒今當說
若佛子欲受國王位時受轉輪王位時百官
受位時應先受菩薩戒一切鬼神救護王身
百官之身諸佛歡喜既得戒已生孝順心恭
敬心見上座和上阿闍梨大同學同見同行者
應起承迎礼拜問訊而菩薩反生憍心慢心
癡心瞋心不起承迎礼拜一一不如法供養以自
賣身國城男女七寶百物而供給之若不尒
者犯輕垢罪
若佛子故飲酒而生酒過失无量功德若自
身手過酒器與人飲酒者五百世无手何況
自飲不得教一切人飲酒及一切衆生飲酒況

自飲酒若故自飲教人飲者犯輕垢罪

若佛子故食宍一切宍不得食斷大慈悲佛性種子一切衆生見而捨去是故一切菩薩不得食一切衆生宍食宍得无量罪若故食者犯輕垢罪

若佛子不得食五辛大蒜茖葱慈葱蘭葱興渠是五種一切食中不得食若故食者犯輕垢罪

若佛子見一切衆生犯八戒五戒十戒毀禁七逆八難一切犯戒罪應教懺悔而菩薩不教懺悔共住同僧利養而共布薩一衆住說戒而不舉其罪教悔過者犯輕垢罪

若佛子見大乘法師大乘同學同見同行者

BD00108–2　梵網經盧舍那佛說菩薩心地戒品第十卷下

若佛子見大乘法師大乘同學同見同行者
来入僧坊舍宅城邑若百里千里來者即起
迎来送去礼拜供養日日三時供養日食三
兩金百味飲食牀座醫藥供事法師一切所
須盡給與之常請法師三時說法日日三時
礼拜不生瞋心患惱之心為法滅身請法若
不尒者犯輕垢罪
若佛子一切處有講法毗尼經律大會中所
講法處是新學菩薩應持經律卷至法師所
聽受諮問若山林樹下僧地房中一切說法
處悉至聽受若不至彼聽受諮問者犯輕
垢罪
若佛子心背大乘常住經律言非佛說而受

持二乘聲聞外道惡見一切禁戒邪見經律
者犯輕垢罪
若佛子見一切疾病人常應供養如佛无異
八福田中看病福田第一福田若父母師僧
弟子疾病諸根不具百種病苦惱皆養令差
而菩薩以瞋恨心不至僧房中城邑曠野山
林道路中見病不救濟者犯輕垢罪
若佛子不得畜一切刀杖弓箭鉾斧鬪戰之
具及惡網羅煞生之器一切不得畜而菩薩
乃至煞父母尚不加報況煞一切衆生若故畜
刀杖者犯輕垢罪
如是十戒應當學敬心奉持
下六品中廣明
佛言佛子不得爲利養惡心故通國使命軍

BD00108-2　梵綱經盧舍那佛說菩薩心地戒品第十卷下

佛言佛子不得為利養惡心故通國使命軍
陣合會興師相代煞无量衆生而菩薩不得
入軍中往来况故作國賊若故作者犯輕垢罪
若佛子故販賣良人奴婢六畜市易棺材板
木盛死之具尚不應自作况教人作若故作
者犯輕垢罪
若佛子以惡心故无事謗他良人善人法師衆
僧國王貴人言犯七逆十重於父母兄弟六
親中應生孝順心慈悲心而反更加於逆害
墮不如意處者犯輕垢罪
若佛子以惡心故放大火燒山林曠野田四月
乃至九月放火若燒他人居家屋宅城邑僧房
田木及鬼神官物一切有主物不得故燒若

故燒者犯輕垢罪
若佛子自佛弟子及外道人六親一切善知
識應一一教受持大乘經律應教解義理使
發菩提心十發趣心十長養心十金剛心三十心
中一一解其次第法用而菩薩以惡心瞋心橫教
他二乘聲聞外道邪見經律者犯輕垢罪
若佛子應以好心出家先學大乘威儀經律廣
開解義味見後新學菩薩有從百里千里來
求大乘經律應如法為說一切苦行若燒身
燒臂燒指若不燒身臂指供養諸佛非出家
菩薩乃至餓虎狼師子口中一切餓鬼悉應
捨身肉手足而供養之然後一一次第為說正
法使心開意解而菩薩為利養故應荅不荅

BD00108-2　梵網經盧舍那佛說菩薩心地戒品第十卷下

法使心開意解而菩薩爲利養故應答不答
到説經律文字无前无後謗三寶説者犯
輕垢罪
若佛子自爲飲食錢物利養名譽故親近國
王王子大臣百官恃作形勢乞索打拍牽挽
横取錢物一切求利名爲惡求多求教他人
求都无慈心无孝順心者犯輕垢罪
若佛子學誦戒者日日六時持菩薩戒解其
義理佛性之性而菩薩不解一句一偈戒律因
緣詐言能解者即爲自欺誑亦欺誑他人
一一不解一切法而爲他人作師受戒者犯
輕垢罪
若佛子以惡心故見持戒比丘手捉香鑪行菩

薩行所闘遘兩頭謗欺賢人无惡不造若故
作者犯輕垢罪
若佛子以慈心故行放生業應作是念一切
男子是我父一切女人是我母我生生无不
從之受生故六道衆生皆是我父母而煞而
食者即煞我父母亦煞我故身一切地水是我
先身一切火風是我本體故常行放生業是
以人生生受生故教人放生若見世人煞畜生
時應方便救護解其苦難常教化講說菩薩
戒救度衆生若父母兄弟死亡之日應請法師
講說菩薩戒經律福資其亡者得見諸佛生
人天上若不尒者犯輕垢罪
如是十戒應當學敬心奉持如法滅罪品中

BD00108-2　梵網經盧舍那佛說菩薩心地戒品第十卷下

如是十戒應當學敬心奉持如法滅罪品中
以明一一戒相
佛言佛子不得以瞋報瞋以打報打若煞父
毋兄弟六親不得加報若國主爲他人煞者
亦不得加報殺生報生不順孝道尚不畜奴婢
打拍罵辱日日起三業罪无量況故作七逆
之罪而出家菩薩无慈心報讎乃至六親故作
報者犯輕垢罪
若佛子初始出家未有所解而自恃聰明有
智或是高貴年宿或是大姓高門大解大富
饒財七寶以此憍慢而不諮受先學法師經
律其法師者或小姓年少卑門貧窮諸根不
具而實有德一切經律盡解而新學菩薩不

得觀法師種性而不來諮受法師第一義諦
者犯輕垢罪
若佛子佛滅度後欲以好心受菩薩戒時於
諸佛菩薩形像前自誓受戒當七日佛前懺
悔得見好相便得受戒若不得好相時應以
一七日二三七日乃至一年要得好相得好
相已便得佛菩薩形像前受戒若不得好相
雖佛菩薩形像前受戒不名得戒若先受菩
薩戒法師前受戒時不須要見好相何以故是
法師師師相授故不須好相是以法師前受
戒即得戒以生重心故便得戒若千里內无
能受戒師得佛菩薩形像前受得戒而要見
好相若法師自倚解經律大乘學戒與國王

BD00108-2　梵網經盧舍那佛說菩薩心地戒品第十卷下

好相若法師自倚解經律大乘學戒與國王
太子百官以為善友而新學菩薩來問若經
義律義輕心惡心慢心不一一好答問者犯輕垢罪
若佛子有佛經律大乘法正見正性正法身
而不能勤學修習而捨七寶反學邪見二乘
外道俗典阿毗曇雜論一切書記是斷佛性
障道因緣非行菩薩道者故作者犯輕垢罪
若佛子佛滅度後為說法主為僧房主教化
主坐禪主行來主應生慈心善和鬪諍善守
護三寶物莫无度用如己自有而反亂衆鬪
諍恣心用三寶物者犯輕垢罪
若佛子先住僧房中住後見客菩薩比丘來
入僧房舍宅城邑若國王舍中乃至夏坐安

居處及大會中而先住僧應起迎來送去飲
食供養房舍臥具繩林木牀事事給與若无
物應賣自身及男女身供給所須悉以與之
若有檀越來請衆僧客僧有利養分僧房主
應次第差客僧受請而先住僧獨受請而不
差客僧者房主得无量罪畜生无異非沙門
非釋種性若故作者犯輕垢罪
若佛子一切不得受別請利養入己而此利養
屬十方僧而別受請者即取十方僧物入己
八福田中諸佛聖人一一師僧父母病人物自
己用故犯輕垢罪
若佛子有出家菩薩在家菩薩及一切檀
越請僧福田求願之時應入僧房中問知事

BD00108-2　梵網經盧舍那佛說菩薩心地戒品第十卷下

越請僧福田求願之時應入僧房中問知事
人今欲次第請者即得十方賢僧而世人別
請五百羅漢菩薩僧不如僧次一凡夫僧若
別請僧者是外道法七佛无別請法不順孝
道若故別請僧者犯輕垢罪
若佛子以惡心故為利養故販賣男女色自
手作食自磨自舂占相男女解夢吉凶亦男
亦女呪術工巧調鷹方法和合百種毒藥千
種毒藥蛇毒生金銀蠱毒都无慈悲心无孝
順心者犯輕垢罪
若佛子以惡心故自身謗三寶詐現親附口
便說空行在有中為白衣通致男女交會婬
色作諸縛著於六齋日年三長齋月作殺生

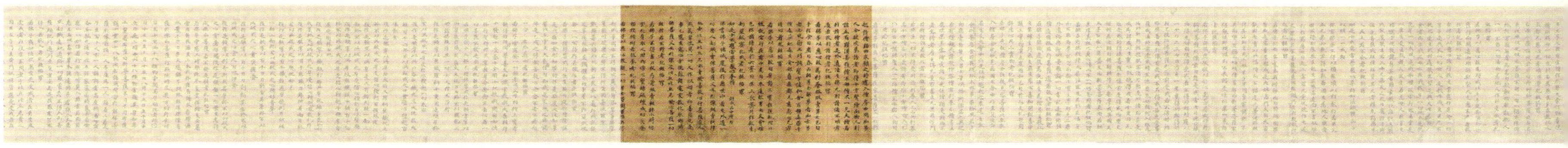

劫盜破齋犯戒者犯輕垢罪
如是十戒應當學敬心奉持　制戒品中廣解
佛言佛子佛滅度後於惡世中若見外道一
切惡人劫賊賣佛菩薩父母形像販賣經律
販賣比丘比丘尼亦賣發菩提心行菩薩道人
或為官使與一切人作奴婢者而菩薩見是
事已應生慈心方便救護處處教化取物贖
佛菩薩父母形像及比丘比丘尼發心菩薩一切
經律若不贖者犯輕垢罪
若佛子不得畜刀杖弓箭販賣輕秤小斗因
官形勢取人財物害心繫縛破壞成功長養
猫狸猪狗若故養者犯輕垢罪
若佛子以惡心故觀一切男女等鬪軍陣兵將

BD00108-2　梵網經盧舍那佛說菩薩心地戒品第十卷下

貓狸猪狗若故養者犯輕垢罪
若佛子以惡心故觀一切男女等鬪軍陣兵將
劫賊等鬪亦不得聽吹貝鼓角琴瑟箏笛箜
篌歌叫伎樂之聲不得摴蒲圍碁波羅塞
戲彈碁六博拍毱擲石投壺八道行城爪鏡
芝草楊枝鉢盂髑髏而作卜筮不作盜賊使
命一一不得作若故作者犯輕垢罪
若佛子護持禁戒行住坐卧日夜六時讀誦
是戒猶如金剛如帶持浮囊欲度大海如草
繫比丘常生大乘信自知我是未成之佛諸
佛是已成之佛發菩提心念念不去心若起
一念二乘外道心者犯輕垢罪
若佛子常應發一切願孝順父母師僧三寶常

願得好師同學善友知識常教我大乘經律
十發趣十長養十金剛十地使我開解如法
修行堅持佛戒寧捨身命念念不去心若一
切菩薩不發是願者犯輕垢罪
若佛子發十大願已持佛禁戒作是願言寧以
此身投於熾然猛火大坑刀山終不以毀犯三
世諸佛經律與一切女人作不淨行
復作是願寧以熱鐵羅網千重周匝纏身終
不以此破戒之身受信心檀越一切衣服
復作是願寧以此口吞熱鐵丸及大流猛火
經百千劫終不以此破戒之口食信心檀越百
味飲食
復作是願寧以此身臥大猛火羅網熱鐵地

BD00108－2　梵綱經盧舍那佛說菩薩心地戒品第十卷下

味飲食
復作是願寧以此身卧大猛火羅網熱鐵地上
終不以此破戒之身受信心檀越百種牀座
復作是願寧以此身受三百鉾刺經一劫二
劫終不以此破戒之身受信心檀越百味醫藥
復作是願寧以此身投熱鐵鑊中經百千劫
終不以此破戒之身受信心檀越千種房舍
屋宅園林田地
復作是願寧以鐵鎚打碎此身從頭至足令如
微塵終不以此破戒之身受信心檀越恭敬礼拜
復作是願寧以百千熱鐵刀鉾挑其兩目終
不以此破戒之心視他好色
復作是願寧以百千鐵錐遍身攙刺耳根經

一劫二劫終不以此破戒之心聽好音聲
復作是願寧以百千刀刀割去其鼻終不以
此破戒之心貪嗅諸香
復作是願寧以百千刀刀割斷其舌終不以
此破戒之心食人百味淨食
復作是願寧以利斧斬斫其身終不以此破戒
之心貪著好觸復作是願願一切衆生悉得
成佛而菩薩若不發是願者犯輕垢罪
若佛子常應二時頭陁冬夏坐禪結夏安居
常用楊枝澡豆三衣瓶鉢座具錫杖香爐漉
水囊手巾刀子火燧鑷子繩牀經律佛像菩
薩形像而菩薩行頭陁時及遊方時行來時
百里千里此十八種物常隨其身頭陁者從

BD00108–2　梵網經盧舍那佛說菩薩心地戒品第十卷下

百里千里此十八種物常隨其身頭陀者從正
月十五日至三月十五日八月十五日至十月十
五日是二時中此十八種物常隨其身如鳥
二翼若布薩日新學菩薩半月半月布薩
誦十重四十八輕戒若誦戒時當於諸佛菩
薩形像前誦一人布薩即一人誦若二若三
乃至百千人亦一人誦誦者高座聽者下座
各各披九條七條五條袈裟若結夏安居亦
應一一如法若行頭陀時莫入難處若國難
惡王土地高下草木深邃師子虎狼水火惡
風劫賊毒虵道路一切難處悉不得入而菩
薩頭陀行道乃至夏座安居是諸難處皆不
得入若故入者犯輕垢罪

若佛子應如法次第坐先受戒者在前坐後
受戒者在後坐不問老少比丘比丘尼貴人
國王王子乃至黄門奴婢皆應先受戒者在
前坐後受戒者隨次第而坐莫如外道癡人
若老若少无前无後坐无次第兵奴之法我
佛法中先者先坐後者後坐而菩薩一一不
如法次第坐者犯輕垢罪
若佛子常應教化一切衆生建立僧坊山林園
田立作佛塔冬夏安居坐禪處所一切行道處
皆應立之而菩薩應爲一切衆生講説大乘經
律若疾病國難賊難父母兄弟和上阿闍梨
亡滅之日及三七日四五七日乃至七七日亦
應講此大乘經律而齋會求福行來治生大

應講此大乘經律而齋會求福行來治生大
火所燒大水所漂黑風所吹舩舫江河大海
羅剎之難乃至一切罪報三惡七逆八難杻
械枷鏁繫縛其身多婬多瞋多愚癡多疾
病皆應讀誦講此大乘經律而新學菩
薩若不尒者犯輕垢罪
如是九戒應當學敬心奉持　梵壇品中應當說
佛言佛子與人受戒時不得簡擇一切國王王
子大臣百官宰相比丘比丘尼信男信女婬男
婬女十八梵六欲天无根二根黃門奴婢一切
鬼神盡得受戒應教身所著袈裟皆使壞色
與道相應皆染使青黃赤黑紫色一切染
衣乃至卧具盡以壞色身所著衣一切染色

若一切國土中人所著衣服比丘皆應與其
俗服有異若欲受戒時師應問言汝現身不
作七逆罪耶菩薩法師不得與七逆人現身
受戒七逆者出佛身血殺父母和上阿闍梨
破羯磨轉法輪僧殺聖人若具七遮即身不
得戒餘一切人得受戒者出家人法不向國
王礼拜不向父母礼拜六親不敬鬼神不礼但
解法師語有百里千里来求大乘戒者而菩
薩法師以惡心瞋心而不即與授一切衆生
戒者犯輕垢罪

若佛子教化人起信心時菩薩與他人作教
戒法師者見欲受戒人應教請二師和上阿
闍梨二師應問言汝有七遮罪不若現身有

闍梨二師應問言汝有七遮罪不若現身有
七遮罪者師不應與受戒若无七遮罪者得
與受戒若有犯十戒者應教懺悔在佛菩薩
形像前日夜六時誦十重四十八輕戒若到
礼三世千佛得見好相若一七日二三七日
乃至一年要見好相好相者佛來摩頂若見
光華種種異相便得滅罪若无好相雖懺无益
是人現身亦不得戒而得增受戒若犯四十八
輕戒者對手懺悔罪便得滅不同七遮而教戒
師於是法中一一好解若不解大乘經律若輕
若重是非之相不解第一義諦習種性長養
性性種性不可壞性道種性正法性其中多
少觀行出入十禪支一切行法一一不得此

法中意而菩薩爲利養故爲名聞故惡求多
求貪利弟子而詐現解一切經律爲供養故
是自欺詐亦欺詐他人故與人受戒者犯輕
垢罪
若佛子不得爲利養惡心故於未受菩薩戒
者前外道惡人前說此千佛大戒邪見人前亦
不得說除國王餘一切人不得說是惡人輩不
受佛戒名爲畜生生生不見三寶如木石无
心名爲外道邪見人輩木頭无異而菩薩於
是惡人前說七佛教戒者犯輕垢罪
若佛子信心出家受佛正戒故起心毀犯聖戒
者不得受一切檀越供養亦不得於國王地上
行不得飲國王水五千大鬼常遮其前鬼言大

行不得飲國王水五千大鬼常遮其前鬼言大
賊若入房舍城邑宅中鬼復常掃其脚跡一切
世人咸皆罵言佛法中賊一切衆生眼不欲
見犯戒之人如畜生无異木頭无異而菩薩若
毀正戒者犯輕垢罪
若佛子常應一心受持讀誦大乘經律剥皮
爲紙刺血爲墨以髓爲水析骨爲筆書寫
佛戒木皮穀紙絹素竹帛亦應悉書持常以七
寶无價香華一切雜寶爲箱盛經律卷
若不如法供養者犯輕垢罪
若佛子常起大悲心若入一切城邑舍宅見一
切衆生應當唱言汝等衆生盡應受三歸十
戒若見牛馬猪羊一切畜生應心念口言汝是

畜生發菩提心而菩薩入一切處山林川野
皆使一切衆生發菩提心是菩薩若不發教
化衆生心者犯輕垢罪
若佛子常行教化起大悲心若入檀越貴人家
一切衆中不得立為白衣說法應在白衣四
衆前高座上坐法師不得地立為四衆白衣
說法若說法時法師高座香華供養四衆聽
者下坐如孝順父母敬順師教如事火婆羅
門其說法者若不如法說者犯輕垢罪
若佛子皆以信心受佛戒者若國王太子
百官四部弟子莫自恃高貴破滅佛法戒律
明作制法制我四部弟子不聽出家行道亦復
不聽造立形像佛塔經律立統官制衆使安籍

BD00108-2　梵網經盧舍那佛說菩薩心地戒品第十卷下

不聽造立形像佛塔經律立統官制衆使安籍
記僧比丘菩薩地立白衣高座廣行非法如兵
奴事主而菩薩正應受一切人供養而反爲官
走使非法非律若國王百官好心受佛戒者
莫作是破滅三寶之罪若故作破法者犯輕
垢罪
若佛子以好心出家而爲名聞利養於國王
百官前說七佛戒教横與比丘比丘尼菩薩弟
子作繫縛事如師子身中虫自食師子宍非
餘外虫如是佛子自破佛法非外道天魔能
破若受佛戒者應護佛戒如念一子如事父
母而聞外道惡人以惡言謗佛法時如三百
鉾刺心千刀万杖打拍其身等无有異寧

自入地獄經於百劫而不一聞惡言破佛戒
之聲而況自破佛戒教人破法因緣亦无孝
順之心若故作者犯輕垢罪
如是九戒應當學敬心奉持
諸佛子言是四十八輕戒汝等受持過去諸菩
薩已誦未來諸菩薩當誦現在諸菩薩今誦
佛子聽十重四十八輕戒三世諸佛已誦當誦今誦我今亦如
是誦汝等一切大衆若國王太子百官比丘比丘尼信男信女
受持菩薩戒者應受持讀誦解說書寫佛性常住戒
卷流通三世一切衆生化化不絶得見千佛佛佛授手世世
不墮惡道八難常生人道天中我今在此菩提樹下
略開七佛法戒汝等當一心學波羅提木叉歡喜奉
行无相天王品勸學中一一廣明三千學士時坐聽者聞

BD00108－2　梵網經盧舍那佛説菩薩心地戒品第十卷下

行无相天王品勸學中一一廣明三千學士時坐聽者聞
佛自誦心心頂戴喜踊受持

梵網經盧舍那佛說菩薩十重四十八輕戒

菩薩安居及解夏自恣法出寶積經菩薩大士心念
我佛子菩薩僧厶甲今依釋迦牟尼聚落法界僧伽
藍前三月夏安居房舍破隨緣者依相无為任身心
樂恒清淨說三 解夏自恣法菩薩大士心念今日十方菩
薩僧解夏自恣我佛子菩薩厶甲亦解夏自恣迷
被縛得解脫說三

梵網經卷十

BD00108v　雜寫

BD00108v　雜寫

# BD00109 妙法蓮華經卷三

（後秦）鳩摩羅什 譯

884.5cm × 25.1cm

法衆生[illegible]
明了无㝵如彼卉木叢[illegible]
知上中下性如來知是一
解脫相離相滅相究竟涅槃常寂滅相終歸
於空佛知是已觀衆生心欲而將護之是故
不即為說一切種智汝等迦葉甚為希有能
知如來隨宜說法能信能受所以者何諸佛
世尊隨宜說法難解難知尒時世尊欲重宣
此義而說偈言

破有法王　出現世間　隨衆生欲　種種說法
如來尊重　智慧深遠　久嘿斯要　不務速說
有智若聞　則能信解　无智疑悔　則為永失
是故迦葉　隨力為說　以種種緣　令得正見
迦葉當知　譬如大雲　起於世間　遍覆一切

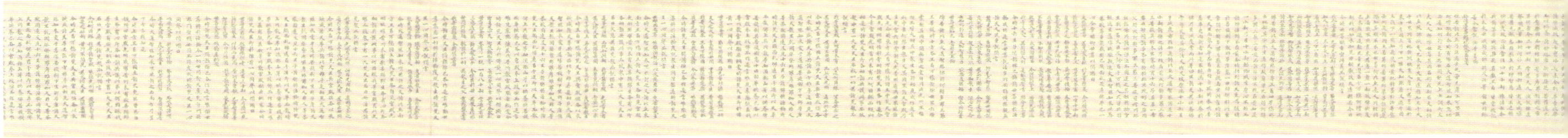

惠雲含潤　電光晃曜　雷聲遠振　令衆悅豫
日光掩蔽　地上清涼　靉靆垂布　如可承攬
其雨普等　四方俱下　流澍无量　率土充洽
山川嶮谷　幽邃所生　卉木藥草　大小諸樹
百穀苗稼　甘蔗蒲桃　雨之所潤　无不豐足
乾地普洽　藥木並茂　其雲所出　一味之水
草木叢林　隨分受潤　一切諸樹　上中下等
稱其大小　各得生長　根莖枝葉　華菓光色
一雨所及　皆得鮮澤　如其體相　性分大小
所潤是一　而各滋茂　佛亦如是　出現於世
譬如大雲　普覆一切　既出于世　為諸衆生
分別演說　諸法之實　大聖世尊　於諸天人
一切衆中　而宣是言　我為如來　兩足之尊
出于世間　猶如大雲　充潤一切　枯槁衆生
皆令離苦　得安隱樂　世間之樂　及涅槃樂

出于世間　猶如大雲　充潤一切　枯槁衆生
皆令離苦　得安隱樂　世間之樂　及涅槃樂
諸天人衆　一心善聽　皆應到此　覲无上尊
我為世尊　无能及者　安隱衆生　故現於世
為大衆說　甘露淨法　其法一味　解脫涅槃
以一妙音　演暢斯義　常為大乘　而作因緣
我觀一切　普皆平等　无有彼此　愛憎之心
我无貪著　亦无限㝵　恒為一切　平等說法
如為一人　衆多亦然　常演說法　曾无他事
去來坐立　終不疲猒　充足世間　如雨普潤
貴賤上下　持戒毀戒　威儀具足　及不具足
正見邪見　利根鈍根　等雨法雨　而无懈倦
一切衆生　聞我法者　隨力所受　住於諸地
或處天人　轉輪聖王　釋梵諸王　是小藥草
知无漏法　能得涅槃　起六神通　及得三明

獨處山林　常行禪定　得緣覺證　是中藥草
求世尊處　我當作佛　行精進定　是上藥草
又諸佛子　專心佛道　常行慈悲　自知作佛
決定无疑　是名小樹　安住神通　轉不退輪
度无量億　百千衆生　如是菩薩　名為大樹
佛平等說　如一味雨　隨衆生性　所受不同
如彼草木　所禀各異　佛以此喻　方便開示
種種言辭　演說一法　於佛智慧　如海一渧
我雨法雨　充滿世間　一味之法　隨力脩行
如彼叢林　藥草諸樹　隨其大小　漸增茂好
諸佛之法　常以一味　令諸世間　普得具足
漸次脩行　皆得道果　聲聞緣覺　處於山林
住最後身　聞法得果　是名藥草　各得增長
若諸菩薩　智慧堅固　了達三界　求最上乘
是名小樹　而得增長　復有住禪　得神通力

BD00109　妙法蓮華經卷三

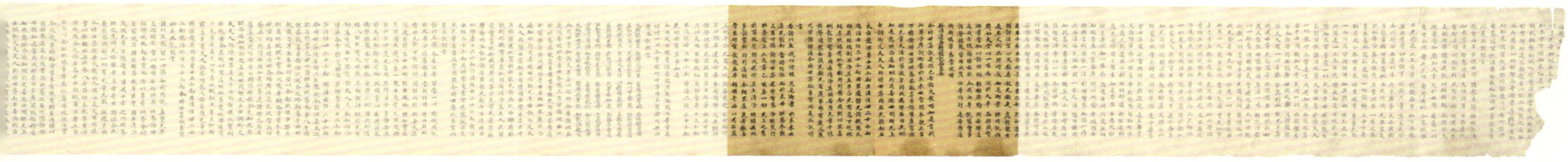

是名小樹 而得增長 復有住禪 得神通力
聞諸法空 心大歡喜 放无數光 度諸衆生
是名大樹 而得增長 如是迦葉 佛所說法
譬如大雲 以一味雨 潤於人華 各得成實
迦葉當知 以諸因緣 種種譬喻 開示佛道
是我方便 諸佛亦然 今為汝等 說最實事
諸聲聞衆 皆非滅度 汝等所行 是菩薩道
漸漸修學 悉當成佛

妙法蓮華經授記品第六

尒時世尊說是偈已告諸大衆唱如是言我
此弟子摩訶迦葉於未來世當得奉覲三百
万億諸佛世尊供養恭敬尊重讚歎廣宣諸
佛无量大法於最後身得成為佛名曰光明
如来應供正遍知明行足善逝世間解无上
士調御丈夫天人師佛世尊國名光德劫名

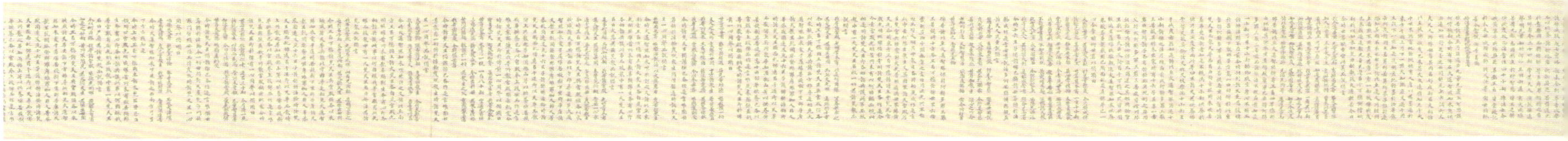

大莊嚴佛壽十二小劫正法住世二十小劫
像法亦住二十小劫國界嚴飾无諸穢惡瓦
礫荊棘便利不淨其土平正无有高下坑坎
堆阜琉璃為地寶樹行列黃金為繩以界道
側散諸寶華周遍清淨其國菩薩无量千億
諸聲聞衆亦復无數无有魔事雖有魔及魔
民皆護佛法爾時世尊欲重宣此義而說偈
言
告諸比丘　我以佛眼　見是迦葉　於未來世
過无數劫　當得作佛　而於來世　供養奉覲
三百万億　諸佛世尊　為佛智慧　淨脩梵行
供養最上　二足尊已　脩集一切　无上之慧
於最後身　得成為佛　其土清淨　琉璃為地
多諸寶樹　行列道側　金繩界道　見者歡喜
常出好香　散衆名華　種種奇妙　以為莊嚴

常出好香　散衆名華　種種奇妙　以為莊嚴
其地平正　无有丘坑　諸菩薩衆　不可稱計
其心調柔　逮大神通　奉持諸佛　大乘經典
諸聲聞衆　无漏後身　法王之子　亦不可計
乃以天眼　不能數知　其佛當壽　十二小劫
正法住世　二十小劫　像法亦住　二十小劫
光明世尊　其事如是
尒時大目揵連須菩提摩訶迦栴延等皆悉
悚慄一心合掌瞻仰世尊目不蹔捨即共同
聲而說偈言
大雄猛世尊　諸釋之法王　哀愍我等故　而賜佛音聲
若知我深心　見為授記者　如以甘露灑　除熱得清涼
如從飢國來　忽遇大王膳　心猶懷疑懼　未敢即便食
若復得王教　然後乃敢食　我等亦如是　每惟小乘過
不知當云何　得佛无上慧　雖蒙佛音聲　言我等作佛

心尚懷憂懼　如未敢便食　若蒙佛授記　尒乃得安樂
大雄猛世尊　常欲安世間　願賜我等記　如飢須教食
尒時世尊知諸大弟子心之所念告諸比丘
是須菩提於當來世奉覲三百万億那由他
佛供養恭敬尊重讚嘆常脩梵行具菩薩道
於最後身得成為佛号曰名相如來應供正
遍知明行足善逝世間解无上士調御丈夫
天人師佛世尊劫名有寶國名寶生其土平
正頗梨為地寶樹莊嚴无諸丘坑沙礫荊棘
便利之穢寶華覆地周遍清淨其土人民皆
處寶臺珎妙樓閣聲聞弟子无量无邊筭數
譬喻所不能知諸菩薩衆无數千万億那由
他佛壽十二小劫正法住世二十小劫像法
亦住二十小劫其佛常處虛空為衆說法度
脫无量菩薩及聲聞衆尒時世尊欲重宣此

脫无量菩薩及聲聞衆尒時世尊欲重宣此
義而說偈言
諸比丘衆　今告汝等　皆當一心　聽我所說
我大弟子　須菩提者　當得作佛　号曰名相
當供无數　万億諸佛　隨佛所行　漸具大道
㝡後身得　三十二相　端正姝妙　猶如寶山
其佛國土　嚴淨第一　衆生見者　无不愛樂
佛於其中　度无量衆　其佛法中　多諸菩薩
皆悉利根　轉不退輪　彼國常以　菩薩莊嚴
諸聲聞衆　不可稱數　皆得三明　具六神通
住八解脫　有大威德　其佛說法　現於无量
神通變化　不可思議　諸天人民　數如恒沙
皆共合掌　聽受佛語　其佛當壽　十二小劫
正法住世　二十小劫　像法亦住　二十小劫
尒時世尊復告諸比丘衆我今語汝是大迦

旃延於當來世以諸供具供養奉事八千億
佛恭敬尊重諸佛滅後各起塔廟高千由旬
縱廣正等五百由旬皆以金銀琉璃車𤦲馬
瑙真珠玫瑰七寶合成衆華瓔珞塗香末香
燒香繒蓋幢幡供養塔廟過是已後當復供
養二万億佛亦復如是供養是諸佛已具菩
薩道當得作佛号曰閻浮那提金光如來應
供正遍知明行足善逝世間解无上士調御丈
夫天人師佛世尊其土平正頗梨爲地寶樹
莊嚴黄金爲繩以界道側妙華覆地周遍清
淨見者歡喜无四惡道地獄餓鬼畜生阿脩
羅道多有天人諸聲聞衆及諸菩薩无量万
億莊嚴其國佛壽十二小劫正法住世二十
小劫像法亦住二十小劫尒時世尊欲重宣
此義而説偈言

小劫像法亦住二十小劫爾時世尊欲重宣
此義而說偈言
諸比丘衆　皆一心聽　如我所說　真實无異
是迦旃延　當以種種　妙好供具　供養諸佛
諸佛滅後　起七寶塔　亦以華香　供養舍利
其冣後身　得佛智慧　成等正覺　國土清淨
度脫无量　万億衆生　皆為十方　之所供養
佛之光明　无能勝者　其佛号曰　閻浮金光
菩薩聲聞　斷一切有　无量无數　莊嚴其國
尒時世尊復告大衆我今語汝是大目揵連
當以種種供具供養八千諸佛恭敬尊重諸
佛滅後各起塔廟高千由旬縱廣正等五百
由旬以金銀琉璃車𤦲馬瑙真珠玫瑰七寶
合成衆華瓔珞塗香末香燒香繒蓋幢幡以
用供養過是已後當復供養二百万億諸佛

亦復如是當得成佛号曰多摩羅跋栴檀香
如來應供正遍知明行足善逝世間解无上
士調御丈夫天人師佛世尊劫名喜滿國名
意樂其土平正頗梨為地寶樹莊嚴散真珠
華周遍清淨見者歡喜多諸天人菩薩聲聞
其數无量佛壽二十四小劫正法住世四十
小劫像法亦住四十小劫尒時世尊欲重宣
此義而說偈言
我此弟子大目揵連　捨是身已　得見八千
二百万億諸佛世尊　為佛道故　供養恭敬
於諸佛所常脩梵行　於无量劫　奉持佛法
諸佛滅後起七寶塔　長表金剎　華香伎樂
而以供養諸佛塔廟　漸漸具足　菩薩道已
於意樂國而得作佛　号多摩羅　栴檀之香
其佛壽命二十四劫　常為天人　演說佛道

於意樂國　而得作佛　號多摩羅　栴檀之香
其佛壽命　二十四劫　常為天人　演說佛道
聲聞无量　如恒河沙　三明六通　有大威德
菩薩无數　志固精進　於佛智慧　皆不退轉
佛滅度後　正法當住　四十小劫　像法亦介
我諸弟子　威德具足　其數五百　皆當授記
於未來世　咸得成佛　我及汝等　宿世因緣
吾今當說　汝等善聽

妙法蓮華經化城喻品第七

佛告諸比丘乃往過去无量无邊不可思議
阿僧祇劫介時有佛名大通智勝如來應供
正遍知明行足善逝世間解无上士調御丈
夫天人師佛世尊其國名好成劫名大相諸
比丘彼佛滅度已來甚大久遠譬如三千大
千世界所有地種假使有人磨以為墨過於

東方千國土乃下一點大如微塵又過千國
土復下一點如是展轉盡地種墨於汝等意
云何是諸國土若筭師若筭師弟子能得邊
際知其數不不也世尊諸比丘是人所經國
土若點不點盡末為塵一塵一劫彼佛滅度
已來復過是數无量无邊百千万億阿僧祇
劫我以如來知見力故觀彼久遠猶若今日
尒時世尊欲重宣此義而說偈言

我念過去世　无量无邊劫　有佛兩足尊　名大通智勝
如人以力磨　三千大千土　盡此諸地種　皆悉以為墨
過於千國土　乃下一塵點　如是展轉點　盡此諸塵墨
如是諸國土　點與不點等　復盡末為塵　一塵為一劫
此諸微塵數　其劫復過是　彼佛滅度來　如是无量劫
如來无㝵智　知彼佛滅度　及聲聞菩薩　如見今滅度
諸比丘當知　佛智淨微妙　无漏无所㝵　通達无量劫

佛告諸比丘大通智勝佛壽五百四十万億那

諸比丘當知　佛智淨微妙　无漏无所㝵　通達无量劫
佛告諸比丘大通智勝佛壽五百卌万億那
由他劫其佛本坐道場破魔軍已垂得阿耨
多羅三藐三菩提而諸佛法不現在前如是
一小劫乃至十小劫結跏趺坐身心不動而
諸佛法猶不在前尒時忉利諸天先為彼佛
於菩提樹下敷師子座高一由旬佛於此坐
當得阿耨多羅三藐三菩提適坐此座時諸
梵天王雨衆天華面百由旬香風時來吹去
萎華更雨新者如是不絶滿十小劫供養於
佛乃至滅度常雨此華四王諸天為供養佛
常擊天鼓其餘諸天作天伎樂滿十小劫至
于滅度亦復如是諸比丘大通智勝佛過十
小劫諸佛之法乃現在前成阿耨多羅三藐

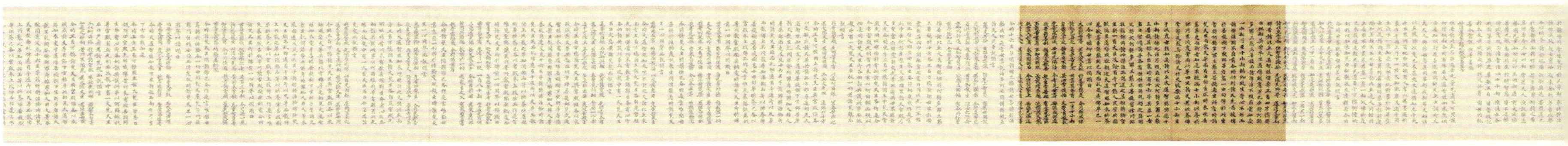

三菩提其佛未出家時有十六子其第一者
名曰智積諸子各有種種珍異玩好之具聞
父得成阿耨多羅三藐三菩提皆捨所珍
往詣佛所諸母涕泣而隨送之其祖轉輪聖
王與一百大臣及餘百千万億人民皆共圍
繞隨至道場咸欲親近大通智勝如來供養
恭敬尊重讚歎到已頭面礼足遶佛畢已一
心合掌瞻仰世尊以偈頌曰
大威德世尊　為度衆生故　於无量億歲　尒乃得成佛
諸願已具足　善哉吉无上　世尊甚希有　一坐十小劫
身體及手足　靜然安不動　其心常惔怕　未曾有散乱
究竟永寂滅　安住无漏法　今者見世尊　安隱成佛道
我等得善利　稱慶大歡喜　衆生常苦惱　盲冥无導師
不識苦盡道　不知求解脫　長夜增惡趣　減損諸天衆
從冥入於冥　永不聞佛名　今佛得最上　安隱无漏道
我等及天人　為得最大利　是故咸稽首　歸命无上尊

不識苦盡道　不知求解脫　長夜增惡趣　減損諸天衆
從冥入於冥　永不聞佛名　今佛得最上　安隱无漏道
我等及天人　為得最大利　是故咸稽首　歸命无上尊
尒時十六王子偈讚佛已勸請世尊轉於法
輪咸作是言世尊說法多所安隱憐愍饒益
諸天人民重說偈言
世雄无等倫　百福自莊嚴　得无上智慧　願為世間說
度脫於我等　及諸衆生類　為分別顯示　令得是智慧
若我等得佛　衆生亦復然　世尊知衆生　深心之所念
亦知所行道　又知智慧力　欲樂及脩福　宿命所行業
世尊悉知已　當轉无上輪
佛告諸比丘大通智勝佛得阿耨多羅三藐
三菩提時十方各五百万億諸佛世界六種
震動其國中間幽冥之處日月威光所不能
照而皆大明其中衆生各得相見咸作是言

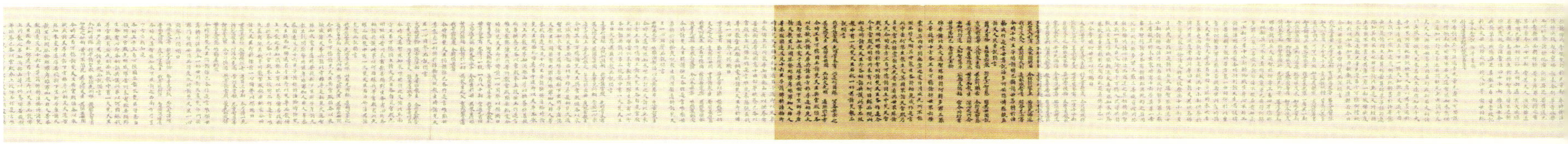

此中云何忽生衆生又其國界諸天宮殿乃
至梵宮六種震動大光普照遍滿世界勝諸
天光尒時東方五百万億諸國土中梵天宮
殿光明照曜倍於常明諸梵天王各作是念
今者宮殿光明昔所未有以何因緣而現此
相是時諸梵天王即各相詣共議此事而彼
衆中有一大梵天王名救一切爲諸梵衆而
說偈言
我等諸宮殿　光明昔未有　此是何因緣　宜各共求之
爲大德天生　爲佛出世間　而此大光明　遍照於十方
尒時五百万億國土諸梵天王與宮殿俱各
以衣裓盛諸天華共詣西方推尋是相見大
通智勝如來處于道場菩提樹下坐師子座
諸天龍王乹闥婆緊那羅摩睺羅伽人非人
等恭敬圍遶及見十六王子請佛轉法輪即

諸天龍王乾闥婆緊那羅摩睺羅伽人非人
等恭敬圍遶及見十六王子請佛轉法輪即
時諸梵天王頭面礼佛遶百千迊即以天華
而散佛上其所散華如須弥山并以供養佛
菩提樹其菩提樹高十由旬華供養已各以
宮殿奉上彼佛而作是言唯見哀愍饒益我
等所獻宮殿願垂納處時諸梵天王即於佛
前一心同聲以偈頌曰
世尊甚希有　難可得值遇　具无量功德　能救護一切
天人之大師　哀愍於世間　十方諸衆生　普皆蒙饒益
我等所從來　五百万億國　捨深禪定樂　為供養佛故
我等先世福　宮殿甚嚴飾　今以奉世尊　唯願哀納受
尒時諸梵天王偈讚佛已各作是言唯願世
尊轉於法輪度脫衆生開涅槃道時諸梵天
王一心同聲而說偈言

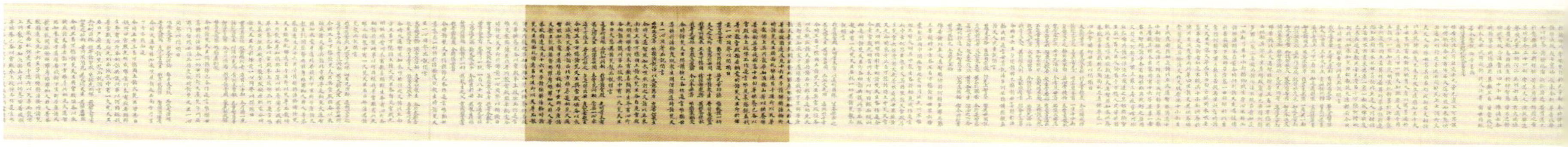

世雄兩足尊　唯願演說法　以大慈悲力　度苦惱眾生
爾時大通智勝如来嘿然許之又諸比丘東
南方五百万億國土諸大梵王各自見宮殿
光明照曜昔所未有歡喜踊躍生希有心即
各相詣共議此事而彼眾中有一大梵天王
名曰大悲為諸梵眾而說偈言
是事何因緣　而現如此相　我等諸宮殿　光明昔未有
為大德天王　為佛出世間　未曾見此相　當共一心求
過千万億土　尋光共推之　多是佛出世　度脫苦眾生
爾時五百万億諸梵天王與宮殿俱各以衣
裓盛諸天華共詣西北方推尋是相見大通
智勝如来處于道場菩提樹下坐師子座諸
天龍王乾闥婆緊那羅摩睺羅伽人非人等
恭敬圍遶及見十六王子請佛轉法輪時諸
梵天王頭面礼佛遶百千匝即以天華而散

梵天王頭面礼佛遶百千迊即以天華而散
佛上所散之華如須弥山并以供養佛菩提
樹華供養已各以宮殿奉上彼佛而作是言
唯見哀愍饒益我等所獻宮殿願垂納處尒
時諸梵天王即於佛前一心同聲以偈頌曰
聖主天中天　迦陵頻伽聲　哀愍衆生者　我等今敬礼
世尊甚希有　久遠乃一現　一百八十劫　空過无有佛
三惡道充滿　諸天衆減少　今佛出於世　為衆生作眼
世間所歸趣　救護於一切　為衆生之父　哀愍饒益者
我等宿福慶　今得值世尊
尒時諸梵天王偈讚佛已各作是言唯願世
尊哀愍一切轉於法輪度脫衆生時諸梵天
王一心同聲而說偈言
大聖轉法輪　顯示諸法相　度苦惱衆生　令得大歡喜
衆生聞是法　得道若生天　諸惡道減少　忍善者增益

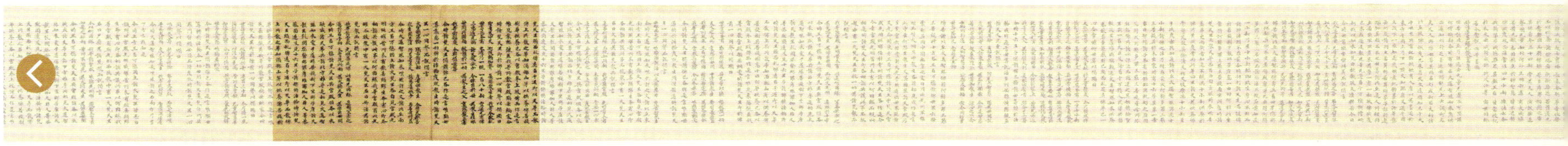

尒時大通智勝如來嘿然許之又諸比丘南
方五百万億國土諸大梵王各自見宮殿光
明照曜昔所未有歡喜踊躍生希有心即各
相詣共議此事以何因緣我等宮殿有此光
曜而彼衆中有一大梵天王名曰妙法為諸
梵衆而說偈言

我等諸宮殿　光明甚威曜　此非无因緣　是相宜求之
過於百千劫　未曾見此相　為大德天生　為佛出世間

尒時五百万億諸梵天王與宮殿俱各以衣
裓盛諸天華共詣北方推尋是相見大通智
勝如來處于道場菩提樹下坐師子座諸天
龍王乾闥婆緊那羅摩睺羅伽人非人等恭
敬圍遶及見十六王子請佛轉法輪時諸梵
天王頭面礼佛遶百千匝即以天華而散佛
上所散之華如須弥山并以供養佛菩提樹

上所散之華如須彌山并以供養佛菩提樹
華供養已各以宮殿奉上彼佛而作是言唯
見哀愍饒益我等所獻宮殿願垂納處尒時
諸梵天王即於佛前一心同聲以偈頌曰
世尊甚難值　破諸煩惱者　過百三十劫　今乃得一見
諸飢渴衆生　以法雨充滿　昔所未曾覩　无量智慧者
如優曇波羅　今日乃值遇　我等諸宮殿　蒙光故嚴飾
世尊大慈愍　唯願垂納受
尒時諸梵天王偈讚佛已各作是言唯願世
尊轉於法輪令一切世間諸天魔梵沙門婆
羅門皆獲安隱而得度脫時諸梵天王一心
同聲以偈頌曰
唯願天人尊　轉无上法輪　擊于大法鼓　而吹大法螺
普雨大法雨　度无量衆生　我等咸歸請　當演深遠音
尒時大通智勝如来嘿然許之西南方乃至

下方亦復如是
尒時上方五百万億國土諸大梵王皆悉自
覩所止宮殿光明威曜昔所未有歡喜踊躍
生希有心即各相詣共議此事以何因緣我
等宮殿有斯光明而彼衆中有一大梵天王
名曰尸棄為諸梵衆而說偈言
今以何因緣　我等諸宮殿　威德光明曜　嚴飾未曾有
如是之妙相　昔所不聞見　為大德天生　為佛出世間
尒時五百万億諸梵天王與宮殿俱各以衣
祴盛諸天華共詣下方推尋此相見大通智
勝如來處于道場菩提樹下坐師子座諸天
龍王乾闥婆緊那羅摩睺羅伽人非人等恭
敬圍遶及見十六王子請佛轉法輪時諸梵
天王頭面礼佛遶百千迊即以天華而散佛
上所散之華如須弥山并以供養佛菩提樹

上所散之華如須弥山并以供養佛菩提樹
華供養已各以宮殿奉上彼佛而作是言唯
見哀愍饒益我等所獻宮殿願垂納受時諸
梵天王即於佛前一心同聲以偈頌曰
善哉見諸佛　救世之聖尊　能於三界獄　免出諸衆生
普智天人尊　哀愍群萌類　能開甘露門　廣度於一切
於昔无量劫　空過无有佛　世尊未出時　十方常闇冥
三惡道增長　阿脩羅亦盛　諸天衆轉減　死多墮惡道
不從佛聞法　常行不善事　色力及智慧　斯等皆減少
罪業因緣故　失樂及樂想　住於邪見法　不識善儀則
不蒙佛所化　常墮於惡道　佛為世間眼　久遠時乃出
哀愍諸衆生　故現於世間　超出成正覺　我等甚欣慶
及餘一切衆　喜嘆未曾有　我等諸宮殿　蒙光故嚴餝
今以奉世尊　唯垂哀納受　願以此功德　普及於一切
我等與衆生　皆共成佛道

尒時五百万億諸梵天王偈讚佛已各白佛
言唯願世尊轉於法輪多所安隱多所度脫
時諸梵王而說偈言
世尊轉法輪　擊甘露法鼓　度苦惱衆生　開示涅槃道
唯願受我請　以大微妙音　哀愍而敷演　无量劫集法
尒時大通智勝如來受十方諸梵天王及十
六王子請即時三轉十二行法輪若沙門婆
羅門若天魔梵及餘世間所不能轉謂是苦
是苦集是苦滅是苦滅道及廣說十二因緣
法无明緣行行緣識識緣名色名色緣六入
六入緣觸觸緣受受緣愛愛緣取取緣有有
緣生生緣老死憂悲苦惱无明滅則行滅行
滅則識滅識滅則名色滅名色滅則六入滅
六入滅則觸滅觸滅則受滅受滅則愛滅愛
滅則取滅取滅則有滅有滅則生滅生滅則

滅則取滅取滅則有滅有滅則生滅生滅則
老死憂悲苦惱滅佛於天人大衆之中説是
法時六百万億那由他人以不受一切法故
而於諸漏心得解脱皆得深妙禪定三明六
通具八解脱第二第三第四説法時千万億
恒河沙那由他等衆生亦以不受一切法故
而於諸漏心得解脱從是已後諸聲聞衆无
量无邊不可稱數尒時十六王子皆以童子
出家而爲沙弥諸根通利智慧明了已曾供
養百千万億諸佛淨脩梵行求阿耨多羅三
藐三菩提俱白佛言世尊是諸无量千万億
大德聲聞皆已成就世尊亦當爲我等説阿
耨多羅三藐三菩提法我等聞已皆共脩學
世尊我等志願如來知見深心所念佛自證
知尒時轉輪聖王所將衆中八万億人見十

六王子出家亦求出家王即聽許尒時彼佛
受沙弥請過二万劫已乃於四衆之中說是
大乘經名妙法蓮華教菩薩法佛所護念說
是經已十六沙弥為阿耨多羅三藐三菩提
故皆共受持諷誦通利說是經時十六菩薩
沙弥皆悉信受聲聞衆中亦有信解其餘衆
生千万億種皆生疑惑佛說是經於八千劫
未曾休廢說此經已即入靜室住於禪定八
万四千劫是時十六菩薩沙弥知佛入室寂
然禪定各昇法座亦於八万四千劫為四部
衆廣說分別妙法華經一一皆度六百万億
那由他恒河沙等衆生示教利喜令發阿耨
多羅三藐三菩提心大通智勝佛過八万四
千劫已從三昧起往詣法座安詳而坐普告
大衆是十六菩薩沙弥甚為希有諸根通利

千劫已從三昧起往詣法座安詳而坐普告
大衆是十六菩薩沙弥甚爲希有諸根通利
智慧明了已曾供養无量千万億數諸佛於
諸佛所常脩梵行受持佛智開示衆生令入
其中汝等皆當數數親近而供養之所以者
何若聲聞辟支佛及諸菩薩能信是十六菩
薩所說經法受持不毀者是人皆當得阿耨
多羅三藐三菩提如來之慧佛告諸比丘是
十六菩薩常樂說是妙法華經一一菩薩所
化六百万億那由他恒河沙等衆生世世所
生與菩薩俱從其聞法悉皆信解以此因緣
得值四万億諸佛世尊于今不盡諸比丘我
今語汝彼佛弟子十六沙弥今皆得阿耨多
羅三藐三菩提於十方國土現在說法有无
量百千万億菩薩聲聞以爲眷屬其二沙弥

東方作佛一名阿閦在歡喜國二名須弥頂
東南方二佛一名師子音二名師子相南方
二佛一名虛空住二名常滅西南方二佛一
名帝相二名梵相西方二佛一名阿弥陀二
名度一切世間苦惱西北方二佛一名多摩
羅跋栴檀香神通二名須弥相北方二佛一
名雲自在二名雲自在王東北方佛名壞一
切世間怖畏苐十六我釋迦牟尼佛於娑婆
國土成阿耨多羅三藐三菩提諸比丘我等
為沙弥時各各教化无量百千万億恒河沙
等衆生從我聞法為阿耨多羅三藐三菩提
此諸衆生于今有住聲聞地者我常教化阿
耨多羅三藐三菩提是諸人等應以是法漸
入佛道所以者何如來智慧難信解解尒時
所化无量恒河沙等衆生者汝等諸比丘及

入佛道所以者何如來智慧難信難解爾時
所化无量恒河沙等衆生者汝等諸比丘及
我滅度後未來世中聲聞弟子是也我滅度
後復有弟子不聞是經不知不覺菩薩所行
自於所得功德生滅度想當入涅槃我於餘
國作佛更有異名是人雖生滅度之想入於
涅槃而於彼土求佛智慧得聞是經唯以佛
乘而得滅度更无餘乘除諸如來方便說法
諸比丘若如來自知涅槃時到衆又清淨信
解堅固了達空法深入禪定便集諸菩薩及
聲聞衆為說是經世間无有二乘而得滅度
唯一佛乘得滅度耳比丘當知如來方便深
入衆生之性知其志樂小法深著五欲為是
等故說於涅槃是人若聞則便信受譬如五
百由旬險難惡道曠絕无人怖畏之處若有

多衆欲過此道至珎寶處有一導師聦慧明
達善知險道通塞之相將導衆人欲過此難
所將人衆中路懈退白導師言我等疲極而
復怖畏不能復進前路猶遠今欲退還導師
多諸方便而作是念此等可愍云何捨大珎
寶而欲退還作是念已以方便力於險道中
過三百由旬化作一城告衆人言汝等勿怖
莫得退還今是大城可於中止隨意所作若
入是城快得安隱若能前至寶所亦可得去
是時疲極之衆心大歡喜歎未曾有我等今
者免斯惡道快得安隱於是衆人前入化城
生已度想生安隱想尒時導師知此人衆既
得止息无復疲惓即滅化城語衆人言汝等
去來寶處在近向者大城我所化作為止息
耳諸比丘如來亦復如是今為汝等作大導

耳諸比丘如來亦復如是今為汝等作大導
師知諸生死煩惱惡道險難長遠應去應度
若衆生但聞一佛乘者則不欲見佛不欲親
近便作是念佛道長遠久受勤苦乃可得成
佛知是心怯弱下劣以方便力而於中道為
止息故說二涅槃若衆生住於二地如來尒
時即便為說汝等所作未辦汝所住地近於
佛慧當觀察籌量所得涅槃非真實也但是
如來方便之力於一佛乘分別說三如彼導
師為止息故化作大城既知息已而告之言
寶處在近此城非實我化作耳尒時世尊欲
重宣此義而說偈言
大通智勝佛　十劫坐道場　佛法不現前　不得成佛道
諸天神龍王　阿脩羅衆等　常雨於天華　以供養彼佛
諸天擊天鼓　并作衆伎樂　香風吹萎華　更雨新好者

過十小劫已　乃得成佛道　諸天及世人　心皆懷踊躍
彼佛十六子　皆與其眷屬　千万億圍遶　俱行至佛所
頭面礼佛足　而請轉法輪　聖師子法雨　充我及一切
世尊甚難值　久遠時一現　為覺悟羣生　震動於一切
東方諸世界　五百万億國　梵宮殿光曜　昔所未曾有
諸梵見此相　尋來至佛所　散華以供養　并奉上宮殿
請佛轉法輪　以偈而讚歎　佛知時未至　受請默然坐
三方及四維　上下亦復尒　散華奉宮殿　請佛轉法輪
世尊甚難值　願以大慈悲　廣開甘露門　轉无上法輪
无量慧世尊　受彼衆人請　為宣種種法　四諦十二緣
无明至老死　皆從生緣有　如是衆過患　汝等應當知
宣暢是法時　六百万億姟　得盡諸苦際　皆成阿羅漢
第二說法時　千万恒沙衆　於諸法不受　亦得阿羅漢
從是後得道　其數无有量　万億劫筭數　不能得其邊
時十六王子　出家作沙弥　皆共請彼佛　演說大乘法
我等及營從　皆當成佛道　願得如世尊　慧眼第一淨

從是後得道　其數无有量　万億劫筭數　不能得其邊
時十六王子　出家作沙弥　皆共請彼佛　演說大乘法
我等及營從　皆當成佛道　願得如世尊　慧眼第一淨
佛知童子心　宿世之所行　以无量因緣　種種諸譬喻
說六波羅蜜　及諸神通事　分別真實法　菩薩所行道
說是法華經　如恒河沙偈　彼佛說經已　靜室入禪定
一心一處坐　八万四千劫　是諸沙弥等　知佛禪未出
為无量億衆　說佛无上慧　各各坐法座　說是大乘經
於佛宴寂後　宣揚助法化　一一沙弥等　所度諸衆生
有六百万億　恒河沙等衆　彼佛滅度後　是諸聞法者
在在諸佛土　常與師俱生　是十六沙弥　具足行佛道
今現在十方　各得成正覺　尒時聞法者　各在諸佛所
其有住聲聞　漸教以佛道　我在十六數　曾亦為汝說
是故以方便　引汝趣佛慧　以是本因緣　今說法華經
令汝入佛道　慎勿懷驚懼　譬如險惡道　迴絕多毒獸

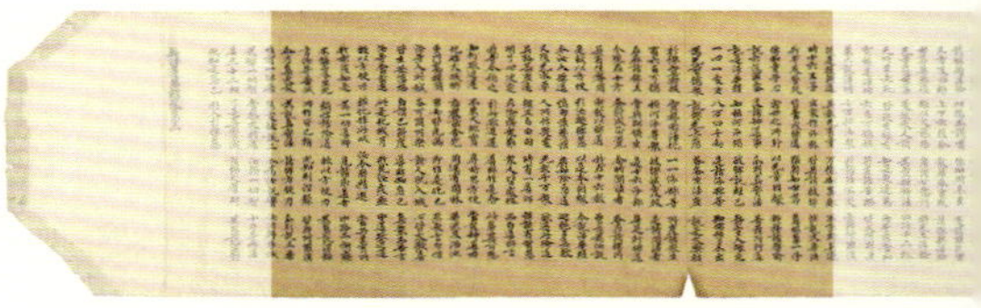

又復无水草　人所怖畏處　无數千万衆　欲過此險道
其路甚曠遠　經五百由旬　時有一導師　強識有智慧
明了心決定　在險濟衆難　衆人皆疲惓　而白導師言
我等今頓乏　於此欲退還　導師作是念　此輩甚可愍
如何欲退還　而失大珎寶　尋時思方便　當設神通力
化作大城郭　莊嚴諸舍宅　周迊有園林　渠流及浴池
重門高樓閣　男女皆充滿　即作是化已　慰衆言勿懼
汝等入此城　各可隨所樂　諸人既入城　心皆大歡喜
皆生安隱想　自謂已得度　導師知息已　集衆而告言
汝等當前進　此是化城耳　我見汝疲極　中道欲退還
故以方便力　權化作此城　汝今勤精進　當共至寶所
我亦復如是　為一切導師　見諸求道者　中路而懈廢
不能度生死　煩惱諸險道　故以方便力　為息說涅槃
言汝等苦滅　所作皆已辦　既知到涅槃　皆得阿羅漢
尒乃集大衆　為說真實法　諸佛方便力　分別說三乘

尒乃集大衆　為説真實法　諸佛方便力　分別説三乘
唯有一佛乘　息處故説二　今為汝説實　汝所得非滅
為佛一切智　當發大精進　汝證一切智　十力等佛法
具三十二相　乃是真實滅　諸佛之導師　為息説涅槃
既知是息已　引入於佛慧

妙法蓮華經卷第三

BD00109　妙法蓮華經卷三

BD00110 金剛般若波羅蜜經

（後秦）鳩摩羅什 譯

BD00110v-1 天地八陽神咒經

BD00110v-2 雜寫

565.8cm×26cm

有世尊如来
世尊善男子善女人發阿
提心應云何住云何降伏其心
哉須菩提如汝所說如来善護念諸菩薩善
付囑諸菩薩汝今諦聽當為汝說善男子善
女人發阿耨多羅三藐三菩提心應如是住
如是降伏其心唯然世尊願樂欲聞
佛告須菩提諸菩薩摩訶薩應如是降伏其
心所有一切衆生之類若卵生若胎生若濕
生若化生若有色若无色若有想若无想若
非有想若非无想我皆令入无餘涅槃而滅
度之如是滅度无量无數无邊衆生實无衆
生得滅度者何以故須菩提若菩薩有我相
人相衆生相壽者相即非菩薩
復次須菩提菩薩於法應无所住行於布施

所謂不住色布施不住聲香味觸法布施須
菩提菩薩應如是布施不住於相何以故若菩
薩不住相布施其福德不可思量須菩提於意云何
東方虛空可思量不不也世尊須菩提南西北方四
維上下虛空可思量不不也世尊須菩提菩
薩無住相布施福德亦復如是不可思量
須菩提菩薩但應如所教住須菩提於意云何
可以身相見如來不不也世尊不可以身相
得見如來何以故如來所說身相即非身相
佛告須菩提凡所有相皆是虛妄若見諸相
非相則見如來
須菩提白佛言世尊頗有衆生得聞如是言
說章句生實信不佛告須菩提莫作是說如
來滅後後五百歲有持戒脩福者於此章句

BD00110　金剛般若波羅蜜經

説章句生實信不佛告須菩提莫作是説如
来滅後後五百歲有持戒脩福者於此章句
能生信心以此爲實當知是人不於一佛二佛
三四五佛而種善根已於無量千萬佛所種
諸善根聞是章句乃至一念生淨信者須
菩提如来悉知悉見是諸衆生得如是無量
福德何以故是諸衆生無復我相人相衆生
相壽者相無法相亦無非法相何以故是諸
衆生若心取相則爲著我人衆生壽者若取
法相即著我人衆生壽者何以故若取非法
相即著我人衆生壽者是故不應取法不
應取非法以是義故如来常説汝等比丘知
我説法如筏喻者法尚應捨何况非法
須菩提於意云何如来得阿耨多羅三藐三

菩提耶如來有所説法耶須菩提言如我解
佛所説義無有定法名阿耨多羅三藐三菩
提亦無有定法如來可説何以故如來所説
法皆不可取不可説非法非非法所以者何
一切賢聖皆以無為法而有差別
須菩提於意云何若人滿三千大千世界七
寶以用布施是人所得福德寧為多不須菩
提言甚多世尊何以故是福德即非福德性
是故如來説福德多若復有人於此經中受
持乃至四句偈等為他人説其福勝彼何以
故須菩提一切諸佛及諸佛阿耨多羅三藐
三菩提法皆從此經出須菩提所謂佛法者
即非佛法

BD00110　金剛般若波羅蜜經

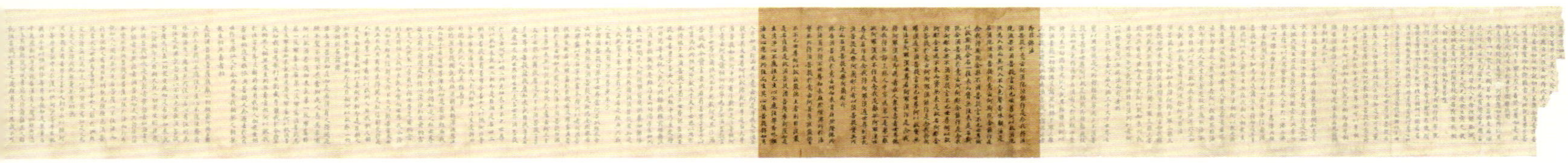

即非佛法
須菩提於意云何須陁洹能作是念我得須
陁洹果不須菩提言不也世尊何以故須陁
洹名為入流而無所入不入色聲香味觸法是
名須陁洹須菩提於意云何斯陁含能作是
念我得斯陁含果不須菩提言不也世尊何
以故斯陁含名一往来而實無往来是名斯
陁含須菩提於意云何阿那含能作是念我
得阿那含果不須菩提言不也世尊何以故
阿那含名為不来而實無来是故名阿那含
須菩提於意云何阿羅漢能作是念我得阿
羅漢道不須菩提言不也世尊何以故實無
有法名阿羅漢世尊若阿羅漢作是念我

得阿羅漢道即為著我人衆生壽者世尊佛
說我得無諍三昧人中最為第一是第一離
欲阿羅漢我不作是念我是離欲阿羅漢世
尊我若作是念我得阿羅漢道世尊則不說
須菩提是樂阿蘭那行者以須菩提實無所
行而名須菩提是樂阿蘭那行
佛告須菩提於意云何如來昔在然燈佛所
於法有所得不世尊如來在然燈佛所於法
實無所得須菩提於意云何菩薩莊嚴佛土
不不也世尊何以故莊嚴佛土者則非莊嚴
是名莊嚴是故須菩提諸菩薩摩訶薩如是
生清淨心不應住色生心不應住聲香味觸
法生心應無所住而生其心須菩提譬如有

BD00110　金剛般若波羅蜜經

生淸淨心不應住色生心不應住聲香味觸
法生心應無所住而生其心須菩提譬如有
人身如須弥山王扵意云何是身爲大不須菩
提言甚大世尊何以故佛説非身是名大身
須菩提如恒河中所有沙數如是沙等恒河
扵意云何是諸恒河沙寧爲多不須菩提言
甚多世尊但諸恒河尚多無數何况其沙須
菩提我今實言告汝若有善男子善女人以
七寶滿尒所恒河沙數三千大千世界以用布
施得福多不須菩提言甚多世尊佛告須菩
提若善男子善女人扵此經中乃至受持
四句偈等爲他人説而此福德勝前福德復
次須菩提隨説是經乃至四句偈等當知此
處一切世間天人阿脩羅皆應供養如佛塔

廟何况有人盡能受持讀誦須菩提當知是
人成就最上第一希有之法若是經典所在
之處則為有佛若尊重弟子
尒時須菩提白佛言世尊當何名此經我等
云何奉持佛告須菩提是經名為金剛般若
波羅蜜以是名字汝當奉持所以者何須菩
提佛說般若波羅蜜則非般若波羅蜜須菩
提於意云何如来有所說法不須菩提白佛
言世尊如来無所說須菩提於意云何三千
大千世界所有微塵是為多不須菩提言甚
多世尊須菩提諸微塵如来說非微塵是名
微塵如来說世界非世界是名世界須菩提
於意云何可以卅二相見如来不不也世尊

BD00110　金剛般若波羅蜜經

於意云何可以卅二相見如來不不也世尊
何以故如來說卅二相即是非相是名卅二
相須菩提若有善男子善女人以恒河沙等
身命布施若復有人於此經中乃至受持四
句偈等為他人說其福甚多
尒時須菩提聞說是經深解義趣涕淚悲泣
而白佛言希有世尊佛說如是甚深經典我
從昔來所得慧眼未曾得聞如是之經世尊
若復有人得聞是經信心清淨則生實相當
知是人成就第一希有功德世尊是實相者
則是非相是故如來說名實相世尊我今得
聞如是經典信解受持不足為難若當來世
後五百歲其有眾生得聞是經信解受持是

人則為第一希有何以故此人無我相人相
衆生相壽者相所以者何我相即是非相人
相衆生相壽者相即是非相何以故離一切
諸相則名諸佛
佛告須菩提如是如是若復有人得聞是
經不驚不怖不畏當知是人甚為希有
何以故須菩提如來說第一波羅蜜非
第一波羅蜜是名第一波羅蜜須菩提忍
辱波羅蜜如來說非忍辱波羅蜜何以故須菩
提如我昔為歌利王割截身體我於尒時無
我相無人相無衆生相無壽者相何以故我
於往昔節節支解時若有我相人相衆生相
壽者相應生瞋恨須菩提又念過去於五百
世作忍辱仙人於尒所世無我相無人相無

壽者相應生瞋恨須菩提又念過去於五百
世作忍辱仙人於尒所世無我相無人相無
衆生相無壽者相
是故須菩提菩薩應離一切相發阿耨多羅
三藐三菩提心不應住色生心不應住聲香
味觸法生心應生無所住心若心有住則為
非住是故佛說菩薩心不住色布施須菩提
菩薩為利益一切衆生應如是布施如來說
一切諸相即是非相又說一切衆生則非衆
生須菩提如來是真語者實語者如語者不
誑語者不異語者須菩提如來所得法此法
無實無虛須菩提若菩薩心住於法而行布
施如人入闇則無所見若菩薩心不住法而

行布施如人有目日光明照見種種色須菩
提當來之世若有善男子善女人能於此經
受持讀誦則為如來以佛智慧悉知是人悉
見是人皆得成就無量無邊功德
須菩提若有善男子善女人初日分以恒河
沙等身布施中日分復以恒河沙等身布施
後日分亦以恒河沙等身布施如是無量百
千萬億劫以身布施若復有人聞此經典信心
不逆其福勝彼何況書寫受持讀誦為人解
說須菩提以要言之是經有不可思議不可
稱量無邊功德如來為發大乘者說為發最
上乘者說若有人能受持讀誦廣為人說如
來悉知是人悉見是人皆得成就不可量不
可稱無有邊不可思議功德如是人等則為

可稱無有邊不可思議功德如是人等則為
荷擔如来阿耨多羅三藐三菩提何以故須
菩提若樂小法者著我見人見衆生見壽者
見則於此經不能聽受讀誦為人解説須菩
提在在處處若有此經一切世間天人阿脩
羅所應供養當知此處則為是塔皆應恭敬
作礼圍遶以諸華香而散其處復次須菩提
善男子善女人受持讀誦此經若為人輕賤是
人先世罪業應墮惡道以今世人輕賤故先世
罪業則為消滅當得阿耨多羅三藐三菩
提須菩提我念過去無量僧祇劫於然燈
佛前得值八百四千萬億那由他諸佛悉皆
供養承事無空過者若復有人於後末世能

受持讀誦此經所得功德於我所供養諸佛
功德百分不及一千萬億分乃至筭數譬喻
所不能及須菩提若善男子善女人於後末
世有受持讀誦此經所得功德我若具說者
或有人聞心則狂亂狐疑不信須菩提當知
是經義不可思議果報亦不可思議
尒時須菩提白佛言世尊善男子善女人發
阿耨多羅三藐三菩提心云何應住云何降伏
其心佛告須菩提善男子善女人發阿耨多
羅三藐三菩提者當生如是心我應滅度一
切衆生滅度一切衆生已而無有一衆生實
滅度者何以故若菩薩有我相人相衆生相壽
者相則非菩薩所以者何須菩提實無有
法發阿耨多羅三藐三菩提者須菩提於

者相則非菩薩所以者何須菩提實無有
法發阿耨多羅三藐三菩提者須菩提於
意云何如来於然燈佛所有法得阿耨多羅
三藐三菩提不不也世尊如我解佛所說義
佛於然燈佛所無有法得阿耨多羅三藐三
菩提佛言如是如是須菩提實無有法如来
得阿耨多羅三藐三菩提須菩提若有法如
来得阿耨多羅三藐三菩提然燈佛則不與
我受記汝於来世當得作佛号釋迦牟尼以
實無有法得阿耨多羅三藐三菩提是故然
燈佛與我受記作是言汝於来世當得作佛
号釋迦牟尼何以故如来者即諸法如義若
有人言如来得阿耨多羅三藐三菩提須菩

提實無有法佛得阿耨多羅三藐三菩提須菩
提如来所得阿耨多羅三藐三菩提於是中
無實無虗是故如来說一切法皆是佛法須
菩提所言一切法者即非一切法是故名一
切法須菩提譬如人身長大須菩提言世尊
如来說人身長大則為非大身是名大身須
菩提菩薩亦如是若作是言我當滅度無量
衆生則不名菩薩何以故須菩提無有法名
為菩薩是故佛說一切法無我無人無衆生
無壽者須菩提若菩薩作是言我當莊嚴佛
土是不名菩薩何以故如来說莊嚴佛土者即
非莊嚴是名莊嚴須菩提若菩薩通達無
我法者如来說名真是菩薩
須菩提於意云何如来有肉眼不如是世尊

我法者如来說名真是菩薩
須菩提於意云何如来有肉眼不如是世尊
如来有肉眼須菩提於意云何如来有天眼
不如是世尊如来有天眼須菩提於意云何
如来有慧眼不如是世尊如来有慧眼須
菩提於意云何如来有法眼不如是世尊如
来有法眼須菩提於意云何如来有佛眼
不如是世尊如来有佛眼
須菩提於意云何恒河中所有沙佛說是沙
不如是世尊如来說是沙須菩提於意云何
如一恒河中所有沙有如是等恒河是諸恒
河所有沙數佛世界如是寧為多不甚多世
尊佛告須菩提尒所國土中所有衆生若干

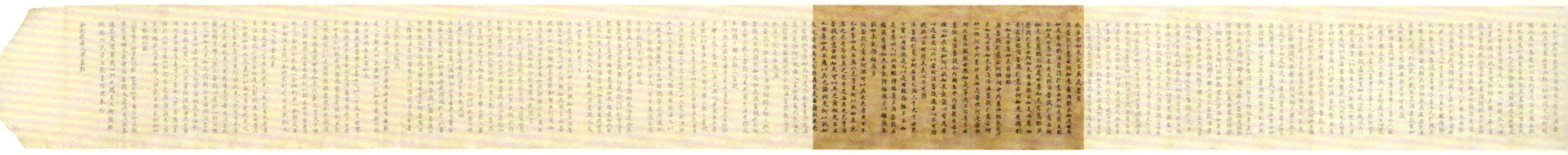

種心如来悉知何以故如来說諸心皆爲非
心是名爲心所以者何須菩提過去心不可得
現在心不可得未来心不可得
須菩提於意云何若有人滿三千大千世界
七寶以用布施是人以是因緣得福多不如
是世尊此人以此因緣得福甚多須菩提若
福德有實如来不說得福德多以福德無
故如来說得福德多
須菩提於意云何佛可以具足色身見不不
也世尊如来不應以色身見何以故如来說
具足色身即非具足色身是名具足色身須
菩提於意云何如来可以具足諸相見不不
也世尊如来不應以具足諸相見何以故如
来說諸相具足即非具足是名諸相具足

BD00110　金剛般若波羅蜜經

菩提於意云何如来可以具足諸相見不不
也世尊如来不應以具足諸相見何以故如
来說諸相具足即非具足是名諸相具足
須菩提汝勿謂如来作是念我當有所說法
莫作是念何以故若人言如来有所說法即
爲謗佛不能解我所說故須菩提說法者
無法可說是名說法
須菩提白佛言世尊佛得阿耨多羅三藐三
菩提爲無所得耶如是如是須菩提我於阿
耨多羅三藐三菩提乃至無有少法可得是
名阿耨多羅三藐三菩提
復次須菩提是法平等無有高下是名阿耨
多羅三藐三菩提以無我無人無衆生無壽
者脩一切善法則得阿耨多羅三藐三菩提

須菩提所言善法者如来說非善法是名善
法須菩提若三千大千世界中所有諸須弥
山王如是等七寶聚有人持用布施若人以
此般若波羅蜜經乃至四句偈等受持為他
人說於前福德百分不及一百千萬億分乃
至筭數譬喻所不能及
須菩提於意云何汝等勿謂如来作是念我
當度衆生須菩提莫作是念何以故實無有
衆生如来度者若有衆生如来度者如来則
有我人衆生壽者須菩提如来說有我者則
非有我而凡夫之人以為有我須菩提凡夫
者如来說則非凡夫
須菩提於意云何以卅二相觀如来不須菩

者如来說則非凡夫
須菩提於意云何以卅二相觀如来不須菩
提言如是如是以卅二相觀如来佛言須菩
提若以卅二相觀如来者轉輪聖王則是如
来須菩提白佛言世尊如我解佛所說義不
應以卅二相觀如来尒時世尊而說偈言
若以色見我　以音聲求我　是人行耶道　不能見如来
須菩提汝若作是念如来不以具足相故得
阿耨多羅三藐三菩提須菩提莫作是念如
来不以具足相故得阿耨多羅三藐三菩提
須菩提汝若作是念發阿耨多羅三藐三菩
提者說諸法斷滅莫作是念何以故發阿耨
多羅三藐三菩提者於法不說斷滅相
須菩提若菩薩以滿恒河沙等世界七寶布

施若復有人知一切法無我得成於忍此菩
薩勝前菩薩所得功德須菩提以諸菩薩不
受福德故須菩提白佛言世尊云何菩薩不
受福德須菩提菩薩所作福德不應貪著
是故說不受福德
須菩提若有人言如來若來若去若坐若卧
是人不解我所說義何以故如來者無所從
來亦無所去故名如來
須菩提若善男子善女人以三千大千世界
碎爲微塵於意云何是微塵衆寧爲多不甚
多世尊何以故若微塵衆實有者佛則不說
是微塵衆所以者何佛說微塵衆則非微塵
衆是名微塵衆世尊如來所說三千大千世

BD00110　金剛般若波羅蜜經

是微塵衆所以者何佛說微塵衆則非微塵
衆是名微塵衆世尊如来所說三千大千世
界則非世界是名世界何以故若世界實有者
則是一合相如来說一合相則非一合相是名
一合相須菩提一合相者則是不可說但凡
夫之人貪著其事
須菩提若人言佛說我見人見衆生見壽者
見須菩提於意云何是人解我義不世尊是
人不解如来所說義何以故世尊說我見人
見衆生見壽者見即非我見人見衆生見壽
者見是名我見人見衆生見壽者見須菩提
發阿耨多羅三藐三菩提心者於一切法應
如是知如是見如是信解不生法相須菩提
所言法相者如来說即非法相是名法相

須菩提若有人以滿無量阿僧秪世界七寶
持用布施若有善男子善女人發菩薩心者
持於此經乃至四句偈等受持讀誦為人演
說其福勝彼云何為人演說不取於相如如
不動何以故
一切有為法　如夢幻泡影　如露亦如電　應作如是觀
佛說是經已長老須菩提及諸比丘比丘尼
優婆塞優婆夷一切世間天人阿脩羅
聞佛所說皆大歡喜信受奉行

金剛般若波羅蜜經

BD00110　金剛般若波羅蜜經

BD00110　金剛般若波羅蜜經

(13-13)

客屋門户井竈碓磑庫
殺將軍太歲黃幡豹
虎朱雀玄武六甲禁諱
一切鬼魅皆悉隱藏遠

BD00110v−1　天地八陽神咒經

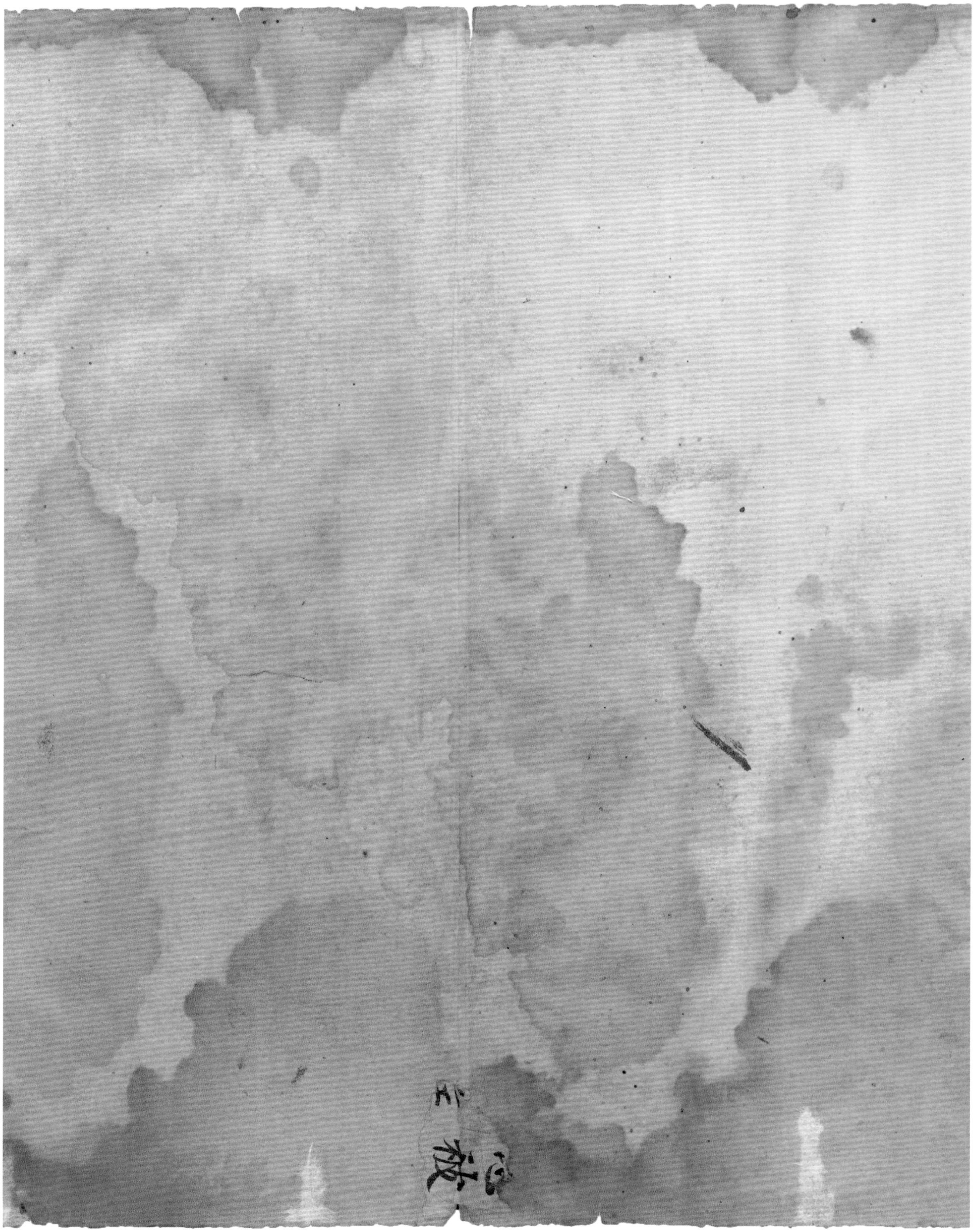

BD00110v-2 雜寫

**圖書在版編目（CIP）數據**

中國國家圖書館藏敦煌文獻．第八册 / 中國國家圖書館編．—北京：國家圖書館出版社，2023.12

ISBN 978-7-5013-7883-8

Ⅰ．①中… Ⅱ．①中… Ⅲ．①敦煌學－文獻 Ⅳ．① K870.6

中國國家版本館 CIP 數據核字（2023）第 217347 號

書　　名　中國國家圖書館藏敦煌文獻・第八册

著　　者　中國國家圖書館　編

項目統籌　魏　崇　殷夢霞

責任編輯　潘　竹　程魯潔　黄　鑫　苗文葉

責任校對　劉宇石　王　衡

出版發行　國家圖書館出版社（北京市西城區文津街 7 號　100034）

（原書目文獻出版社　北京圖書館出版社）

010-66114536　63802249　nlcpress@nlc.cn（郵購）

網　　址　http://www. nlcpress. com

排版印裝　天津裕同印刷有限公司

版次印次　2023 年 12 月第 1 版　2023 年 12 月第 1 次印刷

開　　本　787 × 1092　1/8

印　　張　43.5

書　　號　ISBN 978-7-5013-7883-8

定　　價　2800.00 圓